蕃薯人的故事

張光直　著

作者近照，1994年4月攝於台北板橋林家花園。

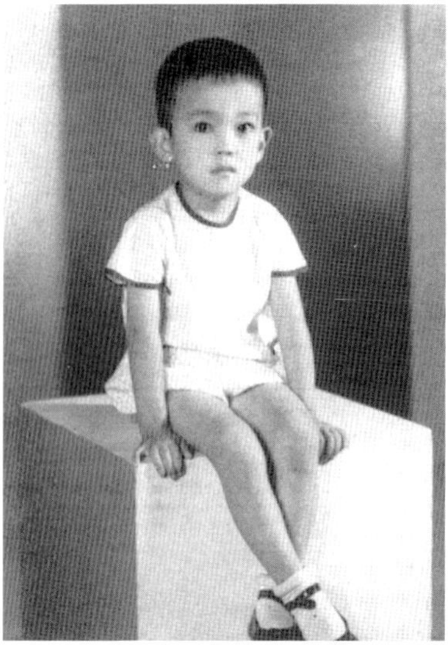

1993年，作者3歲時攝於北京。

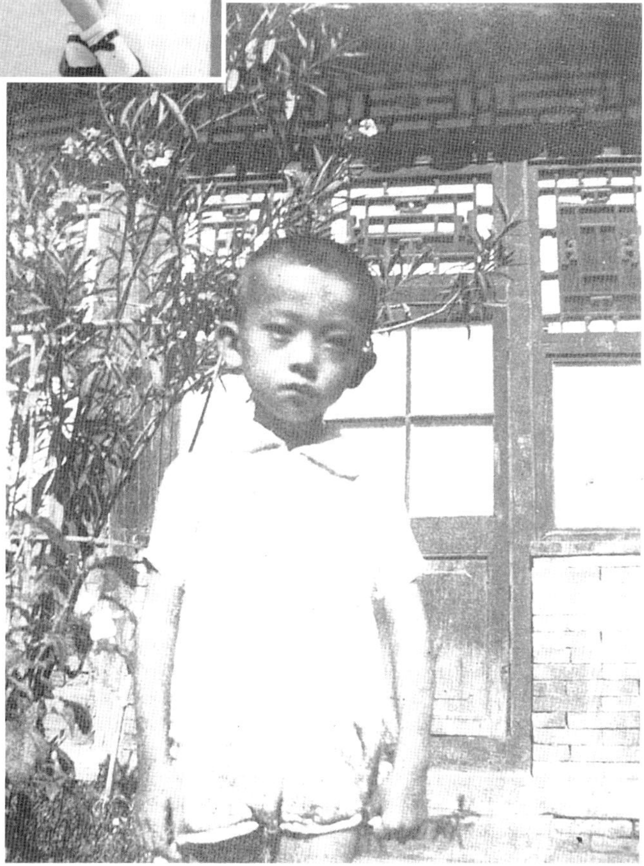

1937年，北京女師第二附小報名照。

1938年，作者全家福，攝於北海公園。

國立北京師範大學附屬第二小學高級部第二十九屆畢業生攝影三十年

年，高小畢業照。第一排右第7人為作者。

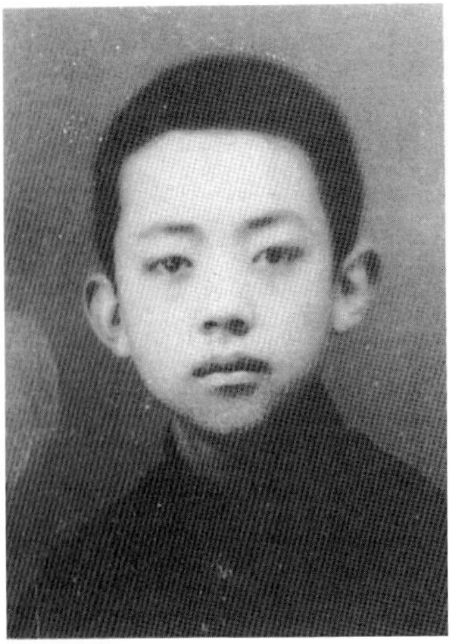

1945年，作者就讀師大附中時照片。

1946年，作者著北京師大附中制服，攝於手帕胡同自宅北屋前。

作者就讀台北市建國中學高中一年級與同班同學，在校門口合照。前排左二為作者，後排中間為同學韋俊涵，右一為謝操。

1947年，作者就讀建國中學高一時照片。

建國高一同學於植物園合照：前排左二蹲者為作者，前左一為裘憚臧；
後排站者左一為韋俊涵；左四為翁廷樞。

1947年12月6日，就讀建國
中學二年級時，與父親攝於
台北蘇薌雨先生家門前。

1948年參加建中「欽差大臣」（崔小萍導演）
演出劇照，中立者為作者。

1948年參加建中「反間諜」（崔小萍導演）
演出劇照，後排右二為作者。

高二同班同學合照，前排右四為作者。

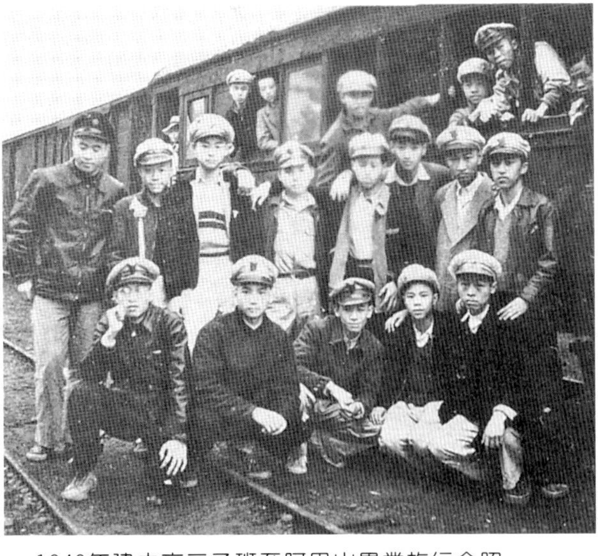

1949年建中高三乙班至阿里山畢業旅行合照，
火車左側窗戶伸頭向外右邊未戴帽者為作者。

警備總部
電令台大師院兩校
拘訊不法學生十餘人

【中央社訊】警備總部，近據報台大及師院學生十餘人，首謀張貼標語，散發傳單，淆惑人心，擾亂秩序，妨害治安，甚至搗毀公署，私擅拘禁執行公務人員，居心叵測，[illegible]。而該生等昨晚復又糾眾集議，希圖擴大擾亂，頃聞該部為維護社會安全，保障大多數純潔青年學生學業起見，已電台兩校當局迅將該生等拘案依法偵訊，以便其餘學生仍可照常安心上課，茲將各該學生名單探錄如下：（一）臺大：曹潛、陳實、許華江、周自強、朱光權、盧秀如、孫達人、王惠民、林火輝、許冀湯、王耀華、蕭文宣、陳琴、宋承治。（二）師院：周慎源、鄭鴻溪、莊輝彰、方啓明、趙制陽、朱商彝。

四六事件中，台大、師院兩校被拘提的學生名單。刊登於1949年4月6日的《新生報》，這份名單實際上有誤。

拘訊學生移送法院
計周自強等十九人
另臺大學生十二名，師院學生一〇五名 通知家長領回管教

【中央社訊】記者頃探悉警備總部業已備文將周自強、莊輝彰、許華江、王耀華、丘[illegible]、黃金島、盧秀如、許冀湯、趙制陽、孫達人（又名孫志[illegible]）、陳鉞湖、張光直、申德建、陳琴、[illegible]、徐桂邨、鮑世浩、方啓明、陳炳基等十九名，移送臺北地方法院檢察處依法處理。史[illegible]、[illegible]二人，亦經警備總部另案移交法院處理。

又據警備總部發言人稱：該部拘捕非法學生時，一部臺籍學生在學校附近重要交通路口施戒備，此為必要之處置，日昨若干報紙誤載為「戒嚴」，應予更正。

【中央社訊】臺大學生高守榮、馬志欽、汪璧之、史習國、沈恭如、葉千雄、謝宗[illegible]、陳克[illegible]、朱明直、張金盛、陳[illegible]、[illegible]十二名，因妨礙執行公務遭逮捕，當局對通知其家長領回管教。

【中央社訊】[illegible]

……及因無學生證或身份證，正向學校當局查詢外，現已有一百零五名，均已由該部通知其家長領回，並探悉業已通知其家長領回之學生姓名如左：

陳華璃、陳澤華、黃濟賢、汪[illegible]花、溫[illegible]、俞永增、陳玉[illegible]、曾榮鑫、蔡元[illegible]、張清泉、劉紹[illegible]、林民松、胡炳章、林炳[illegible]、傅志淑、蔡文[illegible]、黃永訊、王天昌、鄭[illegible]文、蔡[illegible]

[illegible]

1949年4月8日，《新生報》再度大幅刊登四六事件被拘提的大專學生名單，人數多達百餘人。

1949年12月30日，國立台灣大學考古人類學系師生同樂會攝影紀念（前排坐者左起：宋
芮逸夫、董作賓、李濟、陳紹馨、凌純聲、陳楚光；後排立者左起：李亦園、張光直、
任先民、唐美君、林明漢、陶樹雪、許世珍、丘其謙）。

1995年12月11日，作者（右）與大哥張光正共同出席「漂泊與鄉土」張我軍學術研討會。

1955年，在哈佛大學就讀的第一年，與董同龢攝於哈佛腳下。

1997年10月23日，作者（蹲者）因主持先商文明研究計畫，在商邱發掘東周時代宋城城牆。

目次

一、芋仔與蕃薯

Ipomea batatas，拉丁語·，英語 sweet potato·，漢語「蕃薯」，是一種塊莖類的植物，植物學家都說它起源自南美，哥倫布發現新大陸以後，把它帶到全世界去。它到明末才傳到中國，葡萄牙和西班牙的水手們把它傳給了中國人的祖先。這種作物非常適合中國山區乾地，所以在中國長的十分茂盛。

Colocasia esculenta，拉丁語·，英語 taro·，漢語「青芋」或「芋仔」，也是

一種塊莖類作物，植物學家說它起源於東南亞，包括中國南部、台灣、馬來西亞的潮溼地區。它的年代與東南亞的栽培植物（例如稻米）一樣地早，大約公元一萬年以前。

公元一八九五年大清帝國與日本打了一個大海仗，輸得一敗塗地，被迫將台灣島給予日本。從此，台灣島上的居民便成爲「亞細亞的孤兒」。因爲台灣島的形狀很像一個白薯，所以島上兩、三千萬的漢人常常叫他們自己爲「蕃薯人」。我父親就是一個「蕃薯人」，他在一九二一年從台灣到北京唸大學，本來唸的是中國大學，後來承吳承仕先生的介紹，轉到北京師大，在那裡碰到我母親。我母親是湖北黃陂人，那年只有十八歲。我父親二十一歲，兩人相戀，母親家裡不同意，兩人便私奔到台灣。在台灣舉行了一個隆重的婚禮。證婚人林獻堂先生，介紹人洪櫓、王敏川二位先生，地點是在台北江山樓。從一九二六年到一九四一年，一共生了四個兒子，光正、光直、光誠、光樸。

我們四個兄弟都生在北京，我們都說標準的京片子，但是因爲祖母一句北京話也不會說，而且我家常常是台灣人在北京歇腳的地方，有很多台灣人來往，所以我們兄弟也會說台灣話，不過都程度不一地有點北京腔。我們從小學會不喜歡日本人，雖然學了六年日文，但是日文只能看，不能說，也不能寫。我們自己認爲毫無疑問地是台灣人，是蕃薯人，但也是閩南人（福建省南靖縣）、中國人。

現在的台灣人也自稱爲「蕃薯」，但是有一個新名詞加入了族群語彙，那就是「芋仔」，是指一九四五年以後來的外省人。胡台麗說芋仔的名詞是一九四九年以後，從大陸來了六十萬大軍之後開始的①。這些阿兵哥再加上之前來的外省人，被台灣人稱爲芋仔。芋仔和蕃薯現在被人工性的界定爲兩個刻板印象：芋仔不說台語，不與台灣認同，也痛恨日本人；蕃薯說台語，本土性強，對日本人有親切感。

我們一家人用新的語彙就無法分類。事實上，三、四十年代的台灣人，都不能清清楚楚的分出蕃薯和芋仔。在北京的台灣人，除了我們一家以外，且舉幾個例子：徐木生、張深切、黃烈火、柯政和、江文也、連震東、蘇薌雨、趙鍊、蘇新、蘇子衡、謝文達、藍蔭鼎、郭柏川、楊開華(楊英風的父親),這些人都可以說是以中國人自認的。但是今天認同的問題就不是那麼簡單。我相信他們都會很樂意地被叫做蕃薯人,但是別的稱呼呢?我們無法知道。

我弄不明白的是:青芋在台灣已經有一萬年以上的歷史,當代的政論家卻用它來象徵來到台灣只有半世紀的大陸人。而蕃薯這個植物在台灣只有三、四百年的歷史,但卻用它來象徵台灣本土。也許是因爲我們台灣漢人的祖先抵達台灣,和蕃薯來台灣的時間差不多同時,反而芋仔到達台灣的時間,已經不能在人的記憶中回想得到。芋、蕃薯,都是象徵性的言語,而象徵是流動的。老芋仔本來指榮軍而言,現在芋又包括非軍人。第二、三代更沒有一定的規矩來說了。媽媽也許是雲林人,爹爹是上海人,自己是生在台灣,長在台灣,也許會說點閩南語,也許會幾句家鄉話,也許只會台灣國語。這種人,有時被父親強迫說是上海人,有時隨自己的意思說是台灣人,多不知道自己到底是那裏人。

我知道我是那裡人。在三〇和四〇年代,只聽見人說蕃薯人,與其相對的就是日本人、四腳(Sika)，將其包圍的觀念是唐山人或阿山。我和父親都是唐山人或蕃薯人，這都是特殊的唐山人。四〇年代以後，族群的觀念有連續的改變，但那是在這本書的故事發生以後的事了。

註①：胡台麗，〈芋仔與蕃薯——台灣「榮民」的族群關係與認同〉，《民族學研究所集刊》，六九期。

二、父親、母親和他們的朋友們

一九〇一年，父親誕生在板橋(台灣北部的一個小鎮)，原名張清榮。我的祖父，張再興，是個小包商，專做小橋等小型建築工程。祖母姓陳，是板橋港仔嘴人。父親從小住在板橋，板橋公學校畢業(即現在的板橋國小)，對他一生影響最大的老師，是板橋國小的林木土。板橋國小現在的校歌，說是父親寫的詞；最近板橋國小要找一個校友作個紀念石像時，他們就作了一個張我軍的頭像。父親板橋公學校畢業以後，到廈門一個日本銀行做事，在廈門改名字叫張我軍。

父親沒有兄弟，有幾個妹妹都給人了（生了女兒，自己不要送給別人，是台灣早年的惡習），只有一個妹妹叫張淑燕還有聯絡，嫁給曾健成，有兩個兒子。我的祖父有一個妹妹，嫁給土城姓何的，有五個兒子。祖父的四個堂兄弟，最大的叫張黑硬，是個農夫；老二張松，在板橋作代書，有兩個兒子，還有一個從良的小老婆，叫鳳子，生子名光華；老三叫張坤元，在林本源家管過帳；老四叫張望洋，也在林本源家做過管家。我祖父、祖母和父親過世之後，骨灰都埋在張松產權所有的地上。

父親在一九五三年以五十二歲的英年去世。他是可以活得長很多年的；但是他好喝酒，說真話，我相信世界上沒有人能把他喝到桌子底下去的。長年的喝酒傷害了他的肝臟，五十歲時，又在台中街上吃了不潔的食物，染了甲種肝炎。這些多方而集中的攻擊，終於打倒了這個出身於一個農家小夥子的健康身體。

母親原名羅文淑，她的身世比起父親來是要苦些。外祖父是四兄弟中的大哥，生了一女一子。女兒是這一代裏的大姐，就是我的母親。兒子自小有精神病，而二十歲時娶了一門親事，想用沖喜來治他的病；婚後生了一個女兒，病是一點沒好。三、四年後，舅舅就因爲肺結核去世了。舅母只有二十歲左右，只好帶著小女兒和外祖母同住守寡；她脾氣很大，常常拿女兒來出氣，可憐的表妹，眼睛都被打斜了；解放後，據說舅母嫁了一個打鼓兒的。到了七〇年代我們重現於北京時，外祖母、舅母、表妹三代都已不在。外祖父的二弟是個軍人，一直跟著張繼，只有一個獨子，叫文浩，承繼父業，上了黃埔軍校第八期，在蔣介石底下做到中將，一度還做過「實踐學社」的社長。可是他和蔣經國不合，所以老蔣死了，文浩的軍事事業前途也就無望了。

母親的三叔是個衙門的刀筆吏，有一個兒子作海軍軍官。母親的四叔，也就是外祖父的小弟，在官場作一個中級的官吏。他的大兒子文紹，一想到他就想到巴金小說《家》裡面的大哥覺民，爲了家而犧牲自己的愛情。文紹的弟弟文中也是軍人，但他既非黃埔，也不是海軍。他就是尋常的小兵，從二等往上爬，我最後看見他的時候，他大概爬到了中尉。

在這個大家庭裡面，人，是不好作的。外祖母守寡、舅母也守寡。外祖母是個做人的榜樣，「長嫂如母」，俗語如此說。但是在羅家（和其他類似的家，我猜），「欺負老實人，踹寡婦門」，恐怕更是實情。外祖母住在北京湖北會館，生活上的困境是可以想像的。張我軍走入他們的生活，今天客觀的看起來，不能不說是一個好消息。父親第一次到北京，才二十一歲，母親十八歲。兩人一見鍾情，但一路充滿了絆腳石。母親還未成年，而她的監護人，她的四叔，對這個「異國」的青年感覺很雜亂。台灣人！台灣人就是日本人！

與日本人打仗是分秒間事，女兒怎能嫁給日本人！可是張我軍這位青年，從那邊看也不像個日本人。不錯，他會說日語，而且說得和日本人一樣。可是他的北京話，也聽不出來一點外國口音，人長得英俊，那麼天真，那麼用功，外祖母愈看愈喜歡。

四叔掙扎的結果，是民族主義（但是一種僞民族主義）的勝利。母親馬上被安排出嫁，嫁給一位小有錢的商人。這時候父親在台灣編《台灣民報》，母親與外祖母急得團團轉。不妨，這時就有朋友相助了。父親在北京認識的台灣人不少，其中有一個鹿港人，叫洪楢，字炎秋。是當代大(舊體)詩人洪棄生的兒子。他那時在北大唸書，父親上次來北京時便已熟識。聽到了這個消息，便連忙寫信給父親，父親接到信，把一切事情拋下，兼程趕到北京，與母親、外祖母，和幾個親密的男女同學商量，最後決定回台灣去結婚。爲了表示尊禮，一行分兩批人，到了台灣找到當時台灣最受尊敬的紳士林獻堂先生來證婚。但是沒有用，四叔還是不同意，說他們是私奔，而且登報正式與羅心鄉(文淑)解除叔姪關係。不過，「張大哥」和「大姐」就成了他們那一代兄弟姐妹之間的英雄人物。

從這件事情可以想見洪楢是父親的好朋友，後來他父親去世，洪老太太被接去北京，和我們住在一條胡同——手帕胡同。他們在二號，靠著宣武門內大街；我們在丙二十五號，離南河沿比較近。洪老太太的小腳是大大有名的，鹿港顯然比北京管女人管得好，她的兩隻三寸金蓮及繡花小鞋，是鄰居每天爭看的對象和聊天的主題。洪先生的太太是東北人，叫關國藩，是母親在女師大的同學。還有兩個人與張、洪構成北京有名的台灣四劍客，就是連震東和蘇薌雨。台灣人有給日本人做官的，如謝華輝做河北的一個道尹、謝介石做駐滿洲國大使；也有台灣人反日本的，比如張深切被日本憲兵抓過一次，還有吳某人被日本人關了很久險被槍斃。父親和他們全都來往，來了就喝酒，他說從喝酒可看出一個人的全部性格。可惜我沒有上過他這門課，但是他的意思我也能夠了解。

給我們家影響最大的同鄉，無疑要數徐木生了。在我上小學搬家到手帕胡同前後，一個日本早稻田大學的留學生搬到我們家裡來住，這人就是徐木生。二十五、六歲的年紀，圓圓的臉，一身筆挺的日本大學生黑制服。徐木生說話聲音很大，充滿自信，見了我和哥哥便叫：「少爺！少爺！」他是一個馬克思主義者，無事的時候便向我和哥哥宣傳馬列主義。哥哥確由一個「少爺」轉變成爲一個馬列主義的革命者，大致是受了徐木生的影響。一九四五年，哥哥出走，進入河北平山晉察冀邊區，同時也走入了人生另一條大道。一九八○年代，我們重會以後，有一次我問哥哥：「什麼讓你下決心加入共產黨的？」他的回答是我絕對沒有想到的：「我加入共產黨的一個目的是，好讓徐木生不再叫我少爺！」

三、北京的生活

現在的北京是個直轄市，從它的東端要走到市的西端，或是從北端走到南端，第一是不知這些個「端」在那兒，第二是不知要走幾天。在三、四十年代的時候，情形全然不同。你要是從東到西，如在內城我就從阜城門走到朝陽門，大概以我在十五歲時的速度，需要一兩個鐘頭左右。北京人多半住在城裡，在我小的時候，我一天的生活被一個巨大的建築物所支配，那就是北京的城牆。上學去要考慮通過那個或不通過那個城門。我和哥哥最爲運氣了，我們的小學就在我們的胡同裏，走幾步便到了。上中學的時候，我需要走十五分到二十五分左右，但是可以再多花十分鐘的樣子走到城牆上面去，把一路的景色都從上面看下去(政府把上城牆的路用鐵絲網擋起來，但是穿過它們實在是再容易不過的事了)。

雖然在北京只上了幾個月的高中，但那一段的生活可以說是很值得記憶的。早上上城牆以前，先吃早飯，有燒餅麻花、麵茶、炸大餅、切糕、灌腸、炸糕等等。燒餅是一邊沾有芝麻，中間分層，有芝麻醬，五公分直徑大小的圓餅，通常是夾麻花吃。麻花是用四條發麵炸的圈子，像台灣這樣二條直的就叫油條。麵茶是用黃黏米麵作成糨糊一樣，以一根筷子將芝麻醬和花椒鹽撥灑、覆蓋在表面上形成薄薄的一層。炸餅子是將一大張發麵餅上面抹了紅糖，在深油裡炸熟，撈上來，馬上就吃。切糕就是把黃米麵粉、紅糖、棗、紅薑豆、紅糖、核桃、花生和其它的成分蒸成一張一尺厚的大糕，然後用熱毛巾蓋上保溫，買的人要買多少就切，然後用秤來秤，以斤兩計價。炸糕是這裡面我認爲最好吃的，用黃黏米麵做皮，包棗泥或豆沙、瓜子下鍋炸，然後拿出來沾著糖吃。餑餑有牛雜餑餑或羊雜餑餑，先用牛骨或羊骨煮胃，肝等雜碎，把餑餑擺成一圈放在鍋子邊緣上面。灌腸，我不知道是什麼做的，大概是麵粉，切成紅顏色的圓片狀，和大蒜一起在平鍋裡炒，炒到蒜味鑽鼻的香，炒出來是紅的。這些食品和豆漿一起喝，最重要的是便宜。對一個中學生花幾個大子兒就能吃的大飽，有力氣可以走上城牆去上學(至於北京最爲出名的豆汁兒，又酸又苦，我是不敢領教的)。

過年時更有好玩的東西，那就是廠甸兒了。從臘月初起，各種小販——舊書、字畫、古玩；吃的水果、乾果、山渣、糖葫蘆；舊傢具，應有盡有，而且便宜。我曾經在一個攤子上，用一塊大洋買到一張宋拓的王羲之大唐聖教序(中間一點斷文都沒有)。賣它的人還猶豫半天，不明白這個十二歲的小孩子知不知道它的價值。最後他決定賣給我，說：「小孩兒，你買了一個很有價值的拓片，希望你好好管著。」果然如他所懼，那張拓片早已不見了！廠甸就在和平門外，南新華街的兩邊，再加上琉璃廠的兩頭。北京師範大學第一附小與男附中正好在這一塊地方。

就是這樣，我在城裡面的活動，是由城牆和城門所規範的。城牆外面都是田地，種麥子、玉蜀黍和大豆。還有就是八路了，出西便門，就看見昨晚被八路挖出來的火車軌道，還有許多人在那裡修復。我最喜歡的事情就是在秋田裡抓蟋蟀，最大的我抓過一個是一分五厘，拿到宣武門外鬥蟋蟀的地方，看看你抓的蟋蟀能不能打過別人抓的蟋蟀。我有做一個記錄，大概抓了有五十個蟋蟀以上，但是沒贏過。

上邊說過，鐵路給八路撬開的事。實際上，與日軍和僞軍敵對的行爲很多，除了撬鐵路以外，八路軍還埋地雷、打冷槍、毀路、毀橋、挖地道等一連串的活動，使僞日軍忙得不可開交。地道我沒有看見過，但是它的存在是毋庸置疑的。一九四三年以後，早上在西單和東安兩個市場，在報攤上可以買到隔日的《解放報》、《晉察冀日報》，還有土紙本的《論新民主主義》、《論聯合政府》，尤其是《紅星下的中國》……報攤上面紅紅綠綠的各種報紙、雜誌，你如果認識這位老闆，就什麼都可以買。這些「當然」都是合法的。他彎下身去給你拿的，可能是任何報紙、雜誌。這些「解放區」的書刊是用各種方法(包括地道在內)運進北京城裏來的。

我在小學有一個同學是地下黨員，她的專長是將城外的報紙送到城裡來。夏天還不要緊，到了嚴冬，各處全被封鎖，她唯一的通路是一條小河的邊緣，沈在河底，慢慢地走一個小時的樣子。她的名字叫管彤芬，是文化漢奸管翼賢的女兒，師大第二附小我的同班同學。一九八四年，當我在外阜醫院心臟科看望蒲以祥醫師時，她突然問我：

「有一個小學同學知道你來，想要看看你。你看她不看？」

我很驚訝地回答：「當然看！我拒絕了誰？」

蒲醫師說：「你還記得管彤芬嗎？」

我回答：「當然記得！」一個短頭髮，小小的、美麗的臉，白淨的皮膚，馬上浮現在眼前。

蒲說：「你看她心裡要有準備。她的病是風濕性心臟水腫，因為在解放以前幾年，她每天在冷水裡泡一兩個小時，這個病治不好了，大概還有三、五天，最多。」

我點點頭，便隨著醫師向病房走去。

我萬萬沒想到，我看見的這位老同學，會比我和蒲醫師都要老三十歲的樣子。她一看見我們，慢慢坐起來，伸出一隻手來與我相握，說：「快半個世紀了，還認識我嗎？」我不能說謊，就說：「在街上看見，我是認不出來的。」然後，在沒有話說的情形之下，說了半小時多的話，起身告辭的時候，她說：「張光直，我父親有他的原因的，你去想一想吧。」我看她一眼，大概有五秒鐘之久，然後便離開了。一星期之後，蒲以祥給我一個電傳：管彤芬同志已於今晨上午零時逝世，享年六十二歲。

四、師大第二附小和男附中

北京的中學有男女之不同。男校中一般認爲最好的中學，是附中，附中的全名是「國立北京師範大學附屬男子中學」。和它相對照的，是女附中或國立師範大學附屬女子中學，另外有市立中學，亦分男女，其中男中最好的是四中。此外還有教會中學：男的是育英，女的是貝滿；下面小學的系統亦與此相應。師大下面有附屬第一小學與附屬第二小學之別。第一附小叫男師附小，但也招女生；第二附小是女師附小，但也招男生。我家住在手帕胡同，在第二附小後門的斜對面，是因爲學校的前門開在東鐵匠胡同，但是東鐵匠胡同被日本人駐了軍隊，所以把學校的大門封住，改開後門。

我上師大第二附小是一九三七年九月十九日。日子可以記那麼清楚，是因爲那天是學校的誕辰，每個學生第一天上課就學一個九月十九日歌：

九月十九日，特別要注意，
我們受的教育，就從今日起，
祝我學校萬萬歲，也從今日始，
今日關係眞非細，大家要注意。

因爲有了這個歌，所以校慶那天也就是開學的日子，進這學校以前還要考試，而且大致是十取一，因爲有些學生從南城、東城和北城來考。我記得我考試的時候，考場擺了五個桌子，有五個人坐在後面，竟是口試！我的運氣不錯，考我的是一位尹老師，她就住在我隔壁，平時也認識，是位老小姐。她那天問的問題並不太難。一個星期以後發榜，我竟錄取了。

這學校之好，好在老師。老師多半是老小姐，她們把一生都貢獻給教育，男老師也有；小學生們都很淘氣，每一個男老師都有一個外號，這個外號多半恰到好處，要拿出去競獎都可以得第一名的。舉幾個例子：張麻花兒，第一附小主任臉上有扭轉的皺紋，這個是第一名，你要看見那張主任，你就想不出別的外號來。下面是另外幾個男教員：袁大頭、劉斜眼兒、賈大姑娘、魏老板兒。

袁大頭，是我們主任孫世慶，從側面看，光頭白髮小鬍子，很像是一元銀元。

劉斜眼兒，叫劉貴育，有個斜眼，後來到台灣去了。

賈大姑娘是大個子，常穿藍布大掛，臉色很紅，教地理；叫大姑娘是因爲他一說話就臉紅，還有他的嘴唇特別紅。

魏老板是歷史教員，一看到他就想到算盤，所以叫老板。這些外號都是民間藝術，其合適處令人叫絕。

初小畢業了嗎？這裡有一首〈送畢業歌〉：

一堂共硯，相聚等苔蔯，斷金攻玉，同志感情深。
薰風裡，幾行桃李綠成蔭；
百花燦爛，錦繡前程，敬以頌諸君。

終於高小畢業，還有最後一個畢業歌：

七年小成，九年大就，古人畢世勵夸修，
數載勤辛，今雖畢業，試觀前路正悠悠，
中道易廢，故步易封，難進易退，學如行逆水舟，
切望吾曹，勉遵師訓，愼勿因斯自廢，負此好千秋！

學習這些歌是越小越熟悉，但是也和當時的學習環境有關；我們的校歌以及

這些與學校有關的歌，因爲環境的關係，是我們很難忘記的。今天我們處在一個特殊的環境中，在這環境中我們還能記得這些歌嗎？這是將來我們會知道的！

師大內部有一個保送制度：一般初小、高小、初中成績優秀，每班挑出兩個人來，可以不考，直接升學上高小、初中或高中。我從師大附小上師大附中，從附中初中上高中，都是保送的。讓我趕快說明我的成績並不是那樣好的，老師爲什麼選我，在我總是個謎。我還要再加一句，我也沒有拍老師們的馬屁，或做這類的活動。總而言之，我的一生沒有要上那個學校而不能上的問題，我常常說，我是天下最幸運的人。

上了中學，就有通學問題，關於走城牆和吃小吃剛才已經詳說。但是，我總覺得，走路，尤其是在冬天，實在是受不了。這使我想起數學老師李樹棻的故事來。附中的校友，十個有九個恐怕都認識或是聽過李士博(李約)，李士博是我們的博物老師，在附中資歷很深。他有好幾個兒子，李樹棻是最好的一個；全家都住在海淀。李家很窮，所以李樹棻每星期六回家，星期日回校(不知道實際的距離，我只能說海淀在現在的北大，而附中在和平門外），回校時用一條毛巾包幾個饅頭，那些饅頭供一個禮拜的伙食。這天早晨，傳來李樹棻逝世的消息。那是一個非常冷的嚴冬之夜，李樹棻先生用毛巾包了十幾個饅頭，在風雪中掙扎回校，不知在那裡，他大概是精疲力竭，沒有勇氣再走下去了。第二天早上，他的屍體已被雪埋了起來，被找他的人挖了出來。這件事情，使社會上第一次知道中學教員的待遇，而李樹棻是一個相當有名的數學家，所以在報紙上吵了一陣子，不久也就被人忘了。

從初中一年級開始，我就結識一個很好的同學，叫做溫景昆，他的父親就是有名的、在天津南開大學教書的溫公頤教授。他因爲腿疾，留了一年級。我們一見面便知道我們有事要合作。果然初中三年，我們一起辦了一個壁報。到了高中，壁報的顏色越來越「赤化」，這就反映北京的政治環境也已經赤化了。

五、回台

一九四六年十二月母親決定攜家回台。父親在一九四五年已先回去找事。一年以後，母親逐漸感覺不支，只好到台灣去。我本來捨不得離開師大附中，因爲大家公認師大附中是北京最好的學校。但是那年九月在先農壇體育場全市中小學比賽的那天，我吃了一碗果子汁(用柿餅煮湯以後摻冰)，三兩天後就得了大概是傷寒的一種胃腸病；由一個姚大夫來醫治，一直病了一個月，功課都拖下來了，所以決定我也要跟他們一起回台灣去。

母親和我們三兄弟帶了七十幾個箱子，到天津坐民生航業公司的民眾輪回台灣，九月上船到十二月底才到。同船的人大部份是外省人，除了我們以外還有一家台灣人，是謝介石的兒子和他年輕漂亮的太太、三個兒子、一個奶媽。我們兩家，還有幾個單身旅客睡在船的餐廳裏，統艙和其他的二等艙都塞得滿滿的。民眾輪抛錨在海河的河口不動，一直到十二月才開船，據說是等一批貨物。上路了以後，經過渤海、黃海、東海不停地到台灣，已經是十二月底了。到達台灣的第一個印象是基隆碼頭，人人穿的那麼乾淨，人人說台灣話，到處都是樹。父親和四個親戚來接。四個親戚是父親的妹妹阿燕姑、他先生曾健成、父親的堂姐阿梅姑，還有廖先生(後來知道廖先生是阿梅姑的男朋友)，他們都上到甲板來幫忙搬行李。父親第一句話就問我：「你哥哥來了沒有？」

我回答說：「沒有，他又走了。」

父親再不說話，手裏拿了一大堆錢票，將岸上的腳夫招呼過來，把行李搬下去，放到卡車裡面，然後分錢票。我母親指著後面船上工作的兩個人，說他們在沿路照顧我們，父親就把票子遞過去給那兩個人。我到台灣以後，見到好久不見的父親，第一個印象就是他有那麼多的票子，我從來沒有見過那麼多錢。

放完行李後卡車向前開，那時已是下午五點多，天已經快黑了。母親和四個客人坐在一台小轎車裏，父親和我們三兄弟，連行李一起坐在卡車的後面，一路我看到台灣的建築有三種，一種是西洋式的，和北京的沒什麼分別；一種是紅磚蓋的農村房子，和北京的完全不一樣，屋頂兩邊翹起來，但天已經黑了，看不太清楚；最後一種是日本式的房子。我很希望我們住的房子是日本式的，因為日本式的房子有很多樹，地上鋪著石子，上面下雨打著樹葉的聲音，我覺得很有詩意。車子開了幾個鐘頭以後到了板橋，果然開到一棟日本式的房子裏去，是板橋初中的宿舍。一進屋一個非常漂亮的十七、八歲、身體很曲線的女孩迎了出來，是我們的下女，叫阿惜。她見面說：「風呂桶準備好了，請你們去洗澡。」我們三個兄弟太累了，誰也沒洗就睡了。

先在這裡提一句，上面說同船回來還有謝介石的兒子和他漂亮的媳婦。二、三年以後，偶然在報上看見一條小新聞，說一個暗娼昨天晚上在淡水河和一個顧客一起划船的時候，翻船淹死了。那位暗娼就是與我們一起同坐民眾輪回來的謝少奶奶。

阿惜有心在我們兄弟裏找一個對象，可是我們都太小：我最大，也才十五歲。我知道她有心，向我示了幾次意，但對我這個十五歲的孩子，實在還太早一點。後來她將方向移往阿安，果然乾柴烈火，沒有幾個月他倆就結婚了；生了一個女兒，是陰曆大年初一生的，我父親給她取名元春。阿安是阿梅姑的前夫呂姓所生，元春所以姓呂。她的父親阿安，是皇民化的成功結果，從各方面看，都是日本人。但是台灣在一九四五年以後又變成中國的，使阿安(和無數台灣人)的設計完全失敗。剛光復時，他們也嘗試作中國人，但是當時從大陸上來的「模範人物」(role models)太差，叫人不能尊敬，這批台人便無所適從。阿安藉酒消愁，一天倒在水溝裏死掉，才四十多歲。

六、一九四〇年代的板橋

一九四〇年代的板橋主要有兩個部分，一個是紅磚的房子組成的幾條大街和林家花園，還有一個是板橋北邊的西式和日式的建築。前者構成一條南北向的大街和幾條東西向的橫街，其中一條走至林家花園；後者便是板橋初中、板橋酒廠和二者的宿舍。這組房子的外圍，都是一望無際的稻田，稻田中間有一條黑色的線，是縱貫鐵路，從板橋車站將這個小鎮向北穿過淡水河到台北，向南穿過大嵙崁溪到樹林。在大街上有好幾家賣糕點糖果的鋪子是我最常去的商店，沿街向南第二條街向左到底是一家電影院，常演中國大陸來的三〇年代的影片，明星是胡蝶、陳雲裳、劉瓊、金山這些，也有好萊塢三、四〇年代的黑白片。在螢幕左邊有個用幻燈打的中文字幕，將對話一一翻譯成中文，在幻燈片的螢幕前面，有一個在夏天光著脊樑的青年男子，右手拿個芭蕉扇，一面搧扇，一面用閩南語向觀眾解釋劇中的情節，並且將中文字上的對白，用閩南話念一遍。板橋的老太太們，似乎是這些片子的主要觀眾。在這個電影院裡面，我沒有看過日本片，似乎是禁演的。

日本的影響在這個小鎮裡面，也是非常深入和顯著的。你到板橋，首先看到的日本文化，就是板橋站的站長。這個芝麻大的小官，對他自己的地位非常重視。他一年到頭穿著一件筆挺的日式制服，腰間配著一把黃澄澄、亮晶晶的劍。每次有列車進站，站長就戴上帽子，拿出雪白的一副手套，一邊往手上戴，一邊走向月台，站在他一定的地點，等待列車的到達。有時有快車不停，也可以看見在列車的 caboose(最後一節車務員專用的車廂)上，筆直的站著列車長，也是全副「武裝」。在列車過站，兩人錯過的那一瞬間，兩人同時立正敬禮。我們兄弟都笑他們將自己的那點小地位看得太嚴重了，可是父親說他們也把自己的責任看得同樣嚴重，所以台灣列車很少誤點的現象。

日本最大的影響，我們覺得是語言上的。板橋雖是農村小鎮，但我聽到的所有中年和青年的男人，沒有一個不是彼此用日語交談的。老年人和多半的女性說閩南話，國語在台灣人之間是根本聽不到的，但這是指住在紅磚房子的主要居民來說的。在板橋初中和酒廠這一帶便不同了，這裡住著很多外省人，外省人不但不說閩南話，而且很少說國語。我在街上所碰到的外省同胞，彼此交談所用的語言，不是有非常重的地方口音，便是我聽不懂的方言。本省人穿西裝和日式制服，日式制服的領子是直上的，並且裡面有塑膠圈，一般都是洗過多次但清潔筆挺。外省人則穿香港衫和中山裝，一般是皺皺的，四個口袋塞的鼓鼓的。阿安告訴我他們的口袋叫中山袋，是裝錢用的(他的說法的真正意義，我在不久以後便瞭解了)。這兩組同胞，即本省人和外省人之間，從我作爲一個剛從外面到的板橋人的眼光來看，是有一定距離的。在日常的接觸上，彼此雖然客客氣氣，但我常常有一種感覺，那是外省人把本省人看成日本人，而對他們有征服者的優越感。有一次我下學到台北車站搭公共汽車回板橋，我的前面有一位說福州話的青年，沒有票卻硬要上車，一個穿著制服的本省售票員堅持有票才可上車，僵局持續了十幾分鐘之後，年輕人從屁股口袋裡竟拔出一隻手槍來，他就上了車坐到板橋，我也同車回家。到了板橋，這個青年和幾個同伴一起走向板橋酒廠，顯然是酒廠的雇員。後來我知道這酒廠廠長姓劉，是個福州人，雇員中本省、外省人都有，包括我的表哥，阿安的弟弟廖瀛洲(瀛洲自小給了廖先生，所以用廖姓)。

七、建國中學

我從北京到台北來，學歷是不錯的，因爲師大附中在北京是一流的中學。可是我轉到建中來上的是高一，而我在附中只上了幾天的高中，那時建中又是台北最好的中學，所以我有點擔心。不過，父親毫不猶豫地的就帶我去看陳文彬校長。陳校長問了我幾個問題，多半是關於「你幾歲啊？」「你在那裡念的書啊？」這一類的問題，不幾句話就把我帶出來，對父親說：「你們休息幾天再來上課吧！」於是就這樣進了那時最難考的建中。

在此先停一下，談談台北的幾個中學。男中方面有建國、成功、和平；女中有一女中、二女中，還有男師和女師。建國本來是男校，但是在我上學的時候，有四個女生，都是台大外省籍高等職員的女兒，即校長陸志鴻的女兒陸瑞娥，教務長戴運軌的兩個女兒戴慶華、戴愛華，和傅啓學總務長的女兒傅碧瑤，除此以外都是男生了。一女中是當時最好的女校，校長叫江學珠。

建中在我離開的那時候，高中有三班，高一甲班是學數理的，高一乙班是學文法的，高一丙班是學生物的。但是我們在那時候還沒有這樣分，結果整個高一分兩班一起上課，一直上到二二八事件；這事件我等一等再詳細報告。

高一進去以後，我馬上發現我幾乎被孤立，因爲同學與同學之間的語言是日語。我們的級任老師是一位教英文的台灣人，叫蔡德馨，平常配付黑邊眼鏡，穿著半套日本軍裝。他講課的時候用國語，但是跟學生交談則日語與國語雜用，台語從來不說。他還導演了一齣英語劇本。

我們學生跟蔡老師的感情一直很好，在民國八十四年我們建中那一班開同學會的那天，蔡老師已經八十多歲了，還來和我們吃飯，來的同學典型的都是說日本話，但是他們與我有時用國語，有時用台灣話。那天我深深感觸：這些同學，自民國三十九年以來，除了一個以外已經都沒見過，五十年之後，我一個一個都還認得出來，但是每個人都得像迪斯奈的卡通人物一樣，要再加上五十年的皺紋。那天我能記得的名字有：郭伯偉、杜逢榮、柯德馨、吳逸民……。現在回到五十年以前去，就看見蔡老師在黑板上寫英文。

我們對老師們都很恭敬。但是對一個教修身的魏女老師則有欠客氣。我們給她在黑板後面埋伏了定時炸彈，就是將一段香捲在火捻子上，香的長度決定爆炸的時間，香燒到火捻子的時候就把它引著了，鞭炮在黑板後面就炸起來，老師絕對不可能想到這是定時的。爆炸以後，老師回過頭來找誰丟的鞭炮，但是她當然找不到啦。修身是一門很無聊的課，學生們便用這種手段來打發日子。但是後來聽說魏老師有心臟病，我們後悔已晚，好在沒有出事。

八、二二八

但是有一天，我們以爲是鞭炮的聲音，結果證明是機槍的聲音。

那是一九四七年，我到建國中學的第二學期二月二十八日下午一點鐘左右。我們在上歷史課，忽然聽到連續幾聲像是鞭炮的音響。教歷史的黃老師馬上說：「怎麼有槍聲？」注意聽下去，沒有後文，也就沒有注意，繼續上完了課。那時我在下課後，常常到學校對面的民眾教育館去看雜誌報紙之類，這天並不例外。

那天下午，陪我一起去圖書館看書的人，是韋俊涵和謝操。韋是江蘇人，父親是台北電力公司的高級職員(或是總經理一級的)，謝是師院體育主任謝似顏的兒子，江蘇人。那天我們照常看報、看雜誌，照常四點半左右起身，走過有荷花的池子旁邊，走出植物園的後門。在這段路上，三個人悠悠閒閒地走，不知道外面的世界早已經天翻地覆了。

當我們三人走出植物園的後門時，站在總督府中央最高建築的廢墟前面三個二十歲左右的年輕人，就朝著我們走過來，還沒有說一句話，拳頭便像雨一樣落下來——落在韋俊涵的身上。我穿的是表哥阿安的日本軍裝，顯然是個台灣人。謝操早已經足下加油，溜之大吉了；誰也沒有看見他溜，所以速度是很快的；拳頭集中在韋一個人身上，而韋穿的是一深灰色中山裝(標準到四個中山袋)，所以即使是個傻瓜也想得到今天要倒霉的是外省人。很快地韋就倒在地上了，頭上滴下的血濺濕了水泥地。

我本能的進入打人的圈子去勸架，用手去攔，嘴裡一邊說：「好啦，好啦。」

一個大眼睛的人看我一眼，說：「你少廢話，不然連你一起打。」

另一個戴著一頂圓沿帽的人正用穿著皮鞋的腳，在躺在地上的韋君的頭上滾來滾去。他看看地上的韋君已經血流滿面，有氣無聲了，便說道：「Yoroshi，yoroshi。」一瞬間，三人就都不見了。

這時的台北我是非常不熟悉的。到那裡去？我的友伴血流滿面，當然第一件事是到醫院去，但是醫院在那裡？我知道衡陽街在那裡，朝著衡陽街一直走下去應該沒問題，可以找到一個醫生或是護士。於是我把韋君慢慢的扶起來，搭在我的肩膀上，慢慢向衡陽街的方向走去。

韋君是一個大高個子，而我的五尺之軀給他壓得幾乎彎到地面。這時衡陽街上也看見幾起打人的事件，我因爲會說台語，有恃無恐便大說特說，向路人解釋我的朋友是被三個暴徒打成這樣的。這時我們已經走過半條街了。有一個年輕的小孩子跟著我，並用好奇的眼光看著我；同時有一位四十多歲的台籍婦女，穿短衣，很整齊，像是上班族的樣子。她就過來把韋君接過去，一面小聲用國語跟我講：「跟我走，不要說話！」於是我們便向東一直走，大約十五分鐘以後看到了台大醫院的入口。

我說：「謝謝天，那裡有個醫院。」

她趕緊道：「不要說話，不要說話。」（後來我想我的台語有北京味，她恐怕我話說多了人家會聽出來，所以叫我不要說話。我該如何謝謝她？）等到我們走進門口，她才離開我們。

這是台大醫院門口，有許多外省人正在挨打中。台灣人在打外省人，打的不太厲害，只要「修理修理」，便說好了，好了(yoroshi-yoroshi)，一面把人推到醫院裡面，所以醫院裡面都是傷號。我估計實在沒辦法了，只好回到學校去。我幾乎跑到學校，看見校長梁惠溥不在，只有胡教務長，我就把事情原原本本的跟他說了一遍，沒想到胡教務長跟我打起官腔來。

他說：「學生出了學校，就不是學校的責任。」

我說：「那是誰的責任？難道是我的責任嗎？我只是跟他一塊走路。」

胡教務長說：「作爲走路的伴侶，你當然有道義上的責任。」

我沒話說，只是急得滿身大汗。這時有一個學生便帶著一個年輕的台灣人走過來，說他是台電的，來找一個姓韋的。

胡老師問他：「姓韋，是不是韋俊涵？」

年輕人用國語：「韋先生託我來接他兒子回去的。」

胡老師就跟我說：「吉人自有天相。」

我喜出望外，連忙道：「他就在台大醫院！他挨了打。」就把我們三人從植物園後門出來以後的情形跟他說了一遍。

他說：「對不起，我來晚了。」

我說：「不晚，不晚，正是時候，你要是不來，我都不知道預備怎麼辦了。」說了就把他帶到韋君那裡去。

韋君還在那個同樣的位置坐著，眼睛發直，繃帶裹著脖子，看來有點好笑。

那個年輕人對他說：「你父親讓我來找你，你跟我走罷！」韋君就老老實實跟著他的後面走了。

現在沒有韋君，我沒有負擔，兩肩頓感輕鬆。那裡去？板橋是去不成的了，還是到我阿燕姑母家裡去罷。決定以後，就從後車站往圓環走，一直到他們家，按了門鈴，被邀進去。兩個表弟只有七歲和九歲，大表妹也只有十一歲，當晚就在我姑母家安睡。從台大醫院到我姑母家大約走了三十分鐘，一路槍聲不絕，多是零星的槍聲，也有偶然的自動槍聲。

這後幾天基本上不敢出門，躲在家裡聽無線電，一面是「二二八事件處理委員會」的王添燈，爲民眾說話。另一方面常常是參謀長柯遠芬，爲政府辯護。三、四天以後火車通行我就回到板橋去了。那時我住在板橋初中的宿舍裏，一起住的還有一個姑婆（我父親的姑姑，嫁到土城，在我們家裡住，因爲父親帶了母親和兩個弟弟到台中去了），另外還有阿惜這位「下女」。因爲有阿惜的關係，表兄阿安也一天到晚在我們家閒晃。

回到板橋以後，大概有一個月的時間關在屋裏，再出去的時候街上的情形就完全不同了。車站有好幾個兵在站崗，出入車站都要檢查行李。父親從台中回來看了我一次，就聽他和阿梅姑談台中的事情。好像是他和母親和弟弟們，住在台中師範學校校長洪檜(字炎秋)家裡。洪先生和莊垂勝先生，似乎也牽連到二二八事件裏面去。

但，現在一切都過去了。

九、建國中學(又一章)

二二八事件以後，建國中學的氣氛與以前很不一樣。外省人雖然不怕再挨打，但是以前的一股驕氣現在都看不見了。外省籍老師尤其有很大的變化，很多新老師剛從大陸到這裡來，有一個國文老師在我以後的生命中，扮演了出乎意料的角色。

有一天下午，大家在操場裏練踢球，從遠遠的一邊搖搖晃晃走過來一個中年男子，身穿中國式小褲掛，球朝他滾過去，他就像球跑過去，腳向前方一伸，好像要踢的樣子，球從他腳底下滾過去，右腳一隻鞋就飛的很高。大家也沒笑，就去找球。這位先生不好意思，自己過去把鞋撿起來，一邊穿一邊自己叨叨地說：「好漢不提當年勇！」。

有人認識這位先生，叫羅剛（筆名羅鐵鷹），是我們新來的高中國文老師。他後來在課堂上跟我們解釋，他以前在唸西南聯大的時候，是把二門的，可是有五、六年沒踢了，所以剛才給我們看笑話了。他是雲南人，未婚（至少太太不在身邊），住在操場對面一棟失修房子的一端，本來是走廊的一端，用幾塊木板隔成一個房間，再一個木板沿著牆便是床了。一個炭爐放在門外做飯，一個衛生間沿著操場在前面走廊的一端。這就是一個單身中學教員的宿舍了（羅老師的對面，走廊的另一端，完全與羅老師的屋子對稱，住著一位教地質礦物的陳老師，他在那間單身宿舍裏面住了幾個月以後，娶了一個新娘子）。

羅老師來了以後，生活大不一樣。第一，我、翁廷樞、林家鴻、曾××（名字忘了），四個人合編的一本油印的《五十年代》，被羅老師大為誇獎，說這個雜誌的「方向」很是「正確」。那時台北的《新生報》有個副刊叫「橋」，我居然也被邀請來寫幾篇文章，有的是羅老師來了以前便投的稿，有的是羅老師改過的。我最初投的一篇〈老兵的佛像〉（見〈附錄二〉之一），是「橋」的老編輯留下來，新編輯史習枚（史在報紙上用的是筆名，叫歌雷）決定發表的。後來又發表的小品文中有一兩篇（如〈伐檀〉，見〈附錄二〉之二）是羅老師所講的課給我的靈感。

從〈伐檀〉可見羅老師講國文課是與眾不同的。他講〈伐檀〉，注重的是西周地主如何剝削手底下的長工。他用的課本是指定的，但是他所選的詩或文章，總有統治者與被剝削者。〈伐檀〉是如此，而唐詩裏的〈長恨歌〉被剝削者就是楊貴妃。除了課本以外，他還給我們看許多翻譯的文學作品，如〈鋼鐵是怎樣鍊成的〉、〈靜靜的頓河〉，還有〈紅星下的中國〉，嚴格說來已經不是文學作品了，但也可以說是報告文學。

我們常常下午下課以後，一起集中在羅老師的屋子談文學。有時候還有他的朋友加入我們，現在記得名字的有一個雷石榆，他是個劇作家，雷太太叫蔡瑞月，是舞蹈家。羅老師個子不高，有點小鬍子，抽個雲南水煙袋，看起來不大相稱，但是說起話來滔滔不絕。

我們也用新生報的「橋」來做發表的媒介，比如羅老師就用一個筆名發表了一篇文章，將中國新文學在台灣應該採取的形式，詳細的寫出來。不久他就受到攻擊，說台灣文學在當時的台灣應該有若干特殊的形式，而不能只作爲中國文學的分支。我也加入了這個辯論，用「何無感」的筆名寫一篇文章來爲羅老師辯護，攻擊筆名叫「陳百感」的一個作者所寫的一篇文章。

在這期間，我們排演了兩齣話劇，一是「反間諜」，另一是「欽差大臣」，這兩齣戲很幸運地都得到崔小萍女士的導演。我在「反間諜」裡面飾演一個日本兵，在「欽差大臣」裡扮縣長。兩齣戲演出來後，在報紙上竟得好評。崔小萍在給我們導演的時候，正好她的母校中央戲劇學院也在台北，我們的布景、化妝和道具方面，都因崔導演的關係，得到職業性的支持。

《五十年代》也是完全由羅老師作顧問。去他屋子裏的學生也逐漸集中到我、翁廷樞、袠憚臧、還有曾××。曾××與我們這批顯然是左傾的人來往，他的父親曾今可先生很不舒服，曾經警告他多少次，但是曾××不予理會。可是高二的一個學生卻對《五十年代》加以注意。

有一次在壁報上面我們有人叫他「×駝背」，這是那個學生的外號，叫他的人也沒有什麼惡意，可是他就把我們這一批辦《五十年代》和壁報的幾個人的名字，以我為首，交到訓導處，說是有共匪嫌疑。那時的訓導主任是孫嘉時，很喜歡我，曾經把我的名字交出去，做為每年一次的獎學金的得獎人；這次他拿到名單也例行公事地交給了保安單位，於是我的名字就入了郵政檢查的黑名單。

一九四八年的秋天，有一天羅老師在上課的時候，忽然慌慌張張的跟我和翁廷樞等人說，讓我們下課以後到他屋裏去。去了以後一看，他已把行李收拾好了，像是要遠行的樣子。我們問他這是怎麼回事，他說他要馬上回上海，今天晚上十二點一班船要從基隆開駛。大家無言，心裏都知道他大概有了危險，就決定一起送他去。

裘慴臧大發脾氣說：「你們這些人空口喊革命，等到機會來了，卻讓它走開。我跟老師一起走！」這話使每個人都非常震驚，一天有兩件震驚的事也就夠了，所以沒人說話。

晚飯以後，我、翁廷樞、林嘉鴻就幫著羅老師和裘慴臧，提著他們的行李走向車站。然後我們一起從台北坐火車到基隆，送他們兩個人上了統艙。然後三個人便坐公共汽車回台北，這是我們最後一次看到羅老師和裘慴臧①(關於羅老師的事，請看(〈附錄一〉)。

註①：羅老師回去以後，先在江蘇解放區工作，後來轉到上海，一九五〇年底調回昆明，在雲南文聯工作。五八年春被劃為右派，開除所有公職，回到故鄉當農民，過牢獄的生活，最後，終於在一九七九年三月回復名譽。一九

八〇年九月起，他在昆明師範學院教書，經過了二十多年的牢獄生活，他在精神和體力上都已經不能勝任工作了，很短的時間就被校方解除了教書的職務。八五年八月二十九日在昆明逝世。本書〈附錄一〉收錄他的兒子羅嗚來的三封信，及羅老師八〇年七月給我的一封長信。他至死還是社會主義的忠實信徒。裘懌臧下落不明。

十、四六事件

一九四九年四月六日國民黨的情治機關詳細地計畫、執行台灣學生運動的消滅，並且基本上是很成功的。

這段時間，我家住在台北市延平區甘谷街，台灣省茶葉商業同業公會的後院。前面是公會辦公室，二樓是較高級職員的辦公室，後院有三間平房就給我家住。那時的我家是父親、母親、我和兩個弟弟，我十八歲，在建國中學上高三，三弟光誠十二歲，在國語實小六年級，四弟光樸才七歲，剛上小學。

那天早上，大概是五點鐘左右，我們全家正在甜睡的時候，起來做早飯的父親將我推醒，跟我說：「光直，外面有幾個人要來看你。」

我睡眼惺忪地起來，卻看到五、六個穿著軍裝和警察制服的大漢。爲首的一個穿著一件美軍夾克，一邊問我：「你是張光直嗎？」一邊用右手從口袋裏拿出一個身分證，給我看了一眼，然後把身分證放到口袋裏，說他是趙××，名字我根本沒聽清楚。然後他跟他帶來的人說看看裡面有什麼東西，一邊問我把姓溫的寫的信都拿來。我將溫字聽成翁字，以爲他說的是翁廷樞，就說他住在本市，我沒有他的信。他也沒有注意我這句話，而且隨時看錶，好像很忙的樣子，就說把你所有北平的信都拿出來，我才知道他要的是溫景昆的信。

溫景昆是我在北京師大附中最好的一個朋友，與我經常保持聯繫，最近還寄給我一本小冊子，叫做《方生未死之間》，是喬木（即喬冠華）作的。溫景昆讓我看完以後交給申德建，申在台大工學院唸一年級。我就在臥室壁櫥的上面，平常放枕頭和棉被這一類東西的地方，隨便伸手拿出來幾封信來交給他。他看了上面的回信地址果然有溫景昆三個字，表示滿意，就問還有沒有。我伸手在上面又掏了兩下，拿出來一封，說這是最後一封。他就說好了，轉身問他的手下：「找到什麼書沒有？」

那個時候，我因爲在北平受到我哥哥、徐木生和溫景昆的影響，在台北受到羅老師的影響，思想顯然有些左傾。所買的書有艾思奇和葛名中的哲學書、華崗的社會史、翦伯贊的中國通史、毛澤東的論新民主主義等等，約有五、六十本都放在我們臥室中及兩個書桌上面和抽屜裏面。在趙跟我說話的時候，他的部下五、六個人就在書桌旁邊站著看，等到趙跟我說：「你跟我們一塊走吧！」然後問他們：「找到什麼書沒有？」沒有人說話，也沒有人動。只有一個穿著美軍夾克很年輕的人，轉身在我的書桌上拿起一本《三民主義》來說：「只有這本。」趙看了一下書的封面是三民主義，把書扔在桌上，只拿著溫景昆的信，帶著頭將我和他的五、六個手下領著一起走出大門。

父親跟著跑出來問趙說：「趙先生，你要帶他到哪兒去？」

趙說：「我們就帶他去問幾句話。」

這時母親也起來了，在後面跟來也問他說：「要不要帶什麼衣服？」

趙沒有回答。我們這一群人上了一個中型吉普，就在已經光亮的天色下離開家裡了。

一年以後，父親才告訴我，我們車一走，他做的第一件事便是將所有我的左傾書籍拿出來，藏在前面茶商公會的辦公室的抽屜裏面。三、四個月以後，一批特務又來家裏來查書，這次可是查的十分仔細，但是毫無所獲。所以我一直懷疑那天早上來捉我的人，除了趙以外，可能包括對學生同情的人們在內，甚至包括地下共產黨員。那天早上，他們先到溫州街二十巷一號蘇薌雨先生家裏去捉我，因爲溫景昆和我通信的期間，我多半住在蘇家，所以等到他們發現錯誤而到茶商公會來的時候，時間已晚，匆匆忙忙把我帶走，不及收集許多證據了。

在吉普車裏，申德建已在裏面等我。車便向中山北路開去，不久便到第一分局的派出所。我和中德建同時被關進一個拘留所的籠子裏，這籠子大概有五米寬、八米長，橢圓形，一個短頭是牆，另外三面都是鐵欄杆。在靠著牆的一角，有一個茅坑，我們到的時候，裏面已經有了五、六個人先我們而到。後來知道都是台大學生。有一個姓沈的，派他自己作牢長，指向籠子裏面兩個地方，讓我和中德建坐。聽他們說，這天（四月六日）清晨夜未央時，台大和師大的學生被警備司令部逮捕。台大是按名單一個一個抓的，師大沒有名單，所以整個宿舍的人全部被捉，共三百餘人。在師大有些抵抗，流了點血，所以凡是台大的學生都相信學校（校長傅斯年）與警備司令部合作，供給他們名單和宿舍住址；而師大（校長謝東閔）未與合作，所以警備司令部不知道要捉的人住在那裡，便先一網打盡，然後慢慢調查留人。我們在第一分局的初步審問很快的進行。當天下午一個拿著長槍的兵，叫到我名字，蒙著我的眼，在後面將我推著慢慢走，拐了幾個彎，就到一個屋子裏，讓我坐下來，這以後臉上的毛巾一直沒拿下來，我對於在什麼地方還有白天、晚上都不清楚。

但最初的一次詢問內容，我還記得很清楚。

問：「你叫什麼名字？」

答：「張光直。」

問：「還叫什麼名字？」

答：「沒有別的名字。」

問：「是嗎？再想想……」

答：「有時候在報紙副刊上和壁報上寫文章，用筆名，但是沒有幾個。」

問：「那有幾個呢？是什麼呢？」

答：「張植、小生，別的想不起來了。」

問：「在北平什麼時候加入共產黨的？」

答：「我沒有加入共產黨。」

問：「什麼時候在共產黨受的訓？」

答：「沒有在共產黨受過訓。」

問：「姓溫的是不是你的聯絡人？」

答：「我不懂你什麼意思？」

問：「好，你不懂，我就替你說了。你在北平加入共產黨，黨裏派溫景昆做你和中德建的聯絡人，到台灣來以後，你就在建國中學裏宣傳共產主義，溫景昆把共產黨給你的指示傳過來。」

答：「這些事情都沒有，共產黨要是有消息給我，難道他就寫在信裏面給我嗎？他們還不知道信要經過檢查的嗎？」

問：「你還說你沒受過訓？你今年才十八歲，到現在一點不慌張，對每一個問題都有答案，共產黨不用航空把他的指示傳給你用什麼？難道他自己會飛過來？」

到此我已經無話可說了。他說我是共產黨，我說我不是。我只好要求看有什麼證據。這一說他聲音就變的很生氣，連說：

「證據！證據！這還不是證據……」說話的時候用手敲溫景昆給我寫的信：

「我給你唸幾句：『黑暗就要過去，光明就要到來，不久北京就會解放。』還有『北京解放以後，我們通信恐怕會慢下來，但是我們都要有信心，有一天在不久的將來，我們將在解放了的台灣碰面。』好了，這還不夠！」

我說：「這只是他的希望，有什麼是給我的指示呢？」

問官說：「你還狡辯！」

就這樣來來去去，三、四個小時，我知道這個案子是牽涉溫景昆和中德建，沒有一點點牽涉到羅老師、裘懌臧還有我哥哥（我的大哥在一九四五年進入晉察冀解放區參加革命），還不嚴重。重要的是，我自己不要把他們帶到那幾條線索上去。

詢問完了，回到籠子裏面去，裏面人口已經減少，只有二、三個人，姓沈的和申德建都不在。當晚，我就坐大卡車離開第一分局到一個只有「人間地獄」可以描寫的地方去了。

第二天的報紙上都在第一版上刊載前一天的所謂「四六事件」。在我的記憶中，台大被捕的十一人：王耀華、周自強、陳錢潮、盧秀如、黃金榮、許冀湯、許華江、申德建、孫志煜（達人）、藍世豪、陳琴。師大三人：宋承志、莊輝彰、趙制陽；建國中學一人：張光真（我的名字被誤植爲『真』，一直沒有改正，所以許多人看了報還不知道我被捕之事）；成功中學一人：丘宏仁；新聞界二人：史習枚（新生報），董佩璜（中華日報）；職業不明者一人：王惲；共十九個人。也許還有，但這四十多年存在我記憶裡面只有這十九個人。本文稱這十九人爲四六事件的受害者。

這十九人都同時在警備司令部的情報處（原日本時代的西本願寺的地窖）初步受訊，然後同時關進台北監獄，同時都在台北監獄一起居住了好幾個月，然後這十九人被分開，我能夠說出十幾個人後來的命運，但是還有幾個人的命運不爲我所知。拿我自己做例子，三、四個以後，我從台北監獄與三個難友（孫達人、史習枚、丘宏仁）一起調出去到地方法院審判，法官很嚴肅的說：「你們四個人，我們調查的結果，都知道你們不是共產黨。但是你們的思想都有問題，所以現在不能放你們出去，你們還要經過一段訓練時間，這段時間的長久，要看你們的行為來決定。」於是我又回到西本願寺關了三、四個月，交了很多新的朋友，再也沒有在獄中看見過那另外三個人。然後我又與一夥新朋友被送到內湖，與金門古寧頭一役被俘虜的共軍為伍，下一步是綠島，但我在送綠島以前就被釋放。所以我這一年的時間是與兩夥人同居最久，一個在台北監獄，一個在西本願寺，但感情上我是與第一夥人比較認同的。

這第一夥人主要是大學生，台大的學生多是「麥浪歌詠隊」的隊員。「麥浪歌詠隊」是四〇年代後期台大的許多社團之一，但是是最受歡迎的一個，常常到外面去表演，頗有名聲。他們所唱的歌包括四、五〇年代最流行的一些左傾的歌，如〈向太陽〉、〈跌倒算什麼〉、〈毛澤東之歌〉（改成〈學生之歌〉）、〈黃河大合唱〉、〈康定情歌〉等等。很多有名的「歌星」加入麥浪是因為喜歡音樂，不見得有什麼政治的想法，例如臺純貽和戴祝畬。但是別的如陳錢潮（陳胖子）我想是和共黨多少有關係的，有一次我問他麥浪這名字是怎麼來的，他說你要是在北方看見過麥田快收成的時候，一波一波的浪被風吹起來，你就會欣賞這個名字。我說清代的鄭板橋有一首詞，第一句是「麥浪翻風又早是」。胖子大喜說：「我們的名字原來有典故了」。

四月六日那天，我們從中山區第一分局被放入卡車以後，眼睛就被蒙上，所以車開到什麼地方去，我並不知道，只知道開到不遠就停下來，一個一個被人扶著走進一間屋子裏面，現在知道，這就是警備司令部關政治犯的情報處。政治犯被抓以後，這裏通常是第一站，在這裏主要是訊問，訊問的時候常常用刑求，我所熟悉的有幾種：

(一)疲勞轟炸：就是連續訊問十幾個小時，問到你眼睛看到幻象，然後送你回去睡覺，看睡了一個小時以後，又叫你起來，接著訊問。這樣到最後，你自己說什麼話自己都不知道了。

(二)灌辣椒水：就是讓你躺在床或椅子上，頭伸出向下，鼻孔朝上，然後拿辣椒水往臉上澆，很多水就灌入鼻孔。

(三)坐老虎凳:人坐著,將腿平放在長凳上,拿繩子把大腿膝蓋緊綁在凳子上,把腳板提高,底下墊上磚頭,從半塊、一塊,到二塊、三塊,聽說最多是四塊。

(四)將兩手反綁,吊掛到屋簷上,拿著皮鞭抽打。

(五)打電話:軍用電話電線一邊連在手搖充電器上,一邊連在男人的陰莖上或婦女的乳頭上,然後搖動充電。

此外,還有比較少用的花樣,但是上面這幾種最爲常見,尤其是一、二、三、四。但是我要聲明,這都是聽來的,我自己沒有受過刑求。四六事件的受害者,至少到我們分開以前,也沒有那一個跟我說他們被刑求過的。如傳斯年與警方給學生說了話,恐怕就在這個地方幫了我們一個大忙。我第二次關進情報處的時候,看到過一個疲勞轟炸的例子。一個十七、八歲的台灣青年,被送到我們這間屋裡來,當天晚上便被戴上手銬,給左右呼擁帶走了。到了天亮還沒有回來,我們都開始著急起來。到了下午三點的樣子,四個大兵把這個小夥子提——只能用提字來形容——回來，往鋪上一扔，他還有力氣坐起來，用台語對我們大家報告，從他被叫去審訊，即昨晚七時左右，到今天午飯時間，沒有吃、喝一點東西，也沒有停止問話。他的言語已經有些前言不接後語了，他還說他在審訊的屋子裡看到他的父母和兩個妹妹。姓楊的台灣人是個醫生，跟我們能講台語的人說：這個青年已經開始 hallucinate ，即神經錯亂。大家都勸青年去睡覺，他不必多勸，倒頭便打起呼來。可是他這場夢只能是場短夢：下午六時正，他睡了大約一個小時以後，那四個兵又回來把青年拉起來，戴上手銬，半拖半拉地走出去了。這是我們最後看見這個青年人，沒有人再見過他。

我們到了情報處以後，每個人都被手銬銬在前面，手巾蒙著眼睛。時間過得很慢，也無法估計日夜。只有大小便時才解開毛巾，看到我們是在一間長方無窗的屋子裏，有榻榻米十張，做二、五的排列。在開門的一端，有兩個榻榻米長、約一．五米寬的地面，右邊是上鎖的門，左邊有個大桶，是盛犯人屎尿用的。十個榻榻米上就躺著二十多人，二十四小時蒙著眼睛，躺在地上，由兩三個執槍的士兵看著，一動也不許動。大小便前要舉手，有個兵看見來扶你起來才能去，憋不住便尿在褲子裏。就這樣不知躺了多少天，每天只有躺著不准說話，大小便、吃飯(一天每個人只吃一個饅頭，因爲他們盡量讓我們少打開毛巾)，一個個扶出去訊問，然後再扶回來。終於有一天，可能是一個星期，也可能是一個月，全體的人都被叫起來，一個人被一個兵扶著，一起上到敞篷卡車後面，開始行進。走了好一會兒，到一個又舊又矮又破的牆前面停下來，大家被扶進去打開毛巾，這是被捕以後第一次把毛巾整個打開，所看見的地方原來是台北監獄。

十一、監獄生活

台北監獄是一個很舊、很老式的地方。房子是一排排的長方形牢房，隔成許多小間。每間牢房大約不到二米寬，不到三米長，三個人住。我的房間的住客是王耀華、藍世豪和我。我們三人在屋裏的排列也是如此：王靠著門，藍在中間，而我呢？因爲年紀最小，榮獲第三席，在茅坑的旁邊。每人的空間，可以夠他躺下，向左或右各翻半個身。房門外鎖，大概有兩吋厚，中間有一個小窗戶，一尺見方，是看守和犯人交往的唯一通道。規則是不准吸煙，但是看守每天拿煙來賣，我從此染上吸煙的習慣。看守送飯，每天三頓，早上稀飯，中午和晚上白飯，不管你飯量多大，每個人吃一盤白飯，裏面有一點青菜，飯裏夾有不少砂子，吃的時候要非常小心。有錢的話，可以向看守買任何好吃的東西。事實上，有錢的話，什麼都可以買。在拘留的後期，聽說有人(不是四六事件者)叫了妓女進來。

這間屋子實在太小，三個人每天早上六點就被看守的敲鍋聲音吵醒。唯一的光線來自門對面牆上的一個小窗戶，窗戶做得很小，顯然是因爲怕犯人鑽窗戶跑掉。天花板上一個燈，二十四小時開著。每天我們出去到旁邊的一個很小的院子散步十分鐘，早上一次約九點，下午一次約三點。散步的時候，不是同屋的朋友們可以交換些消息，有時還可以看見不是屬於我們這夥人也出來散步。有一次散步的時候看見楊逵先生，其他的犯人都不認識。

他們把我們關在這裏，不知是爲了什麼，偶然提出去訊問一下，但好像是應付什麼，也沒什麼好問的。因爲生活實在無聊，我沒事就在屋子裏看牆，有一次竟然看見一行字，刻在離地面約一尺高的地方，這幾個字是「殺許教授萬俥受苦」。我將這幾個字指給兩個室友看，他們也不懂。不久以前，許壽裳教授給人在半夜用斧頭劈死，後來抓了一個人說是兇手，叫高萬俥。這行字可能是他寫的，但是他是什麼意思呢？很多人猜疑許教授的死是政治暗殺，而高萬俥是無辜的。這行字的解釋是支持這個懷疑呢，還是支持他的有罪，只好請讀者判斷。有人把挖牆這件事做得太認真了，我們這間屋的最後兩塊磚是鬆鬆地擺在那裡的，若將他們拿開，我們這兩間屋子便通了。我們曾利用過這個洞交換過香煙和書籍，再努點兒力很可以鑽一個人過去。可是沒有人看到換房間的好處，所以這個洞就沒有人將它擴大。

生活中最有樂趣的事，莫過於學歌了，麥浪的人（在我們裏面主要是陳錢潮、王耀華、藍世豪、黃金榮和孫達人）教我許多歌。大家最喜歡唱的是〈學生之歌〉：

密雲籠罩著海洋，
海燕呼喚暴風雨，
你是最勇敢的一個，
不管黑暗無邊、夜霧茫茫，
……在南方，在北方，從中原，到邊疆，
你響亮的聲音，鼓勵著鬥爭中的人民，
溫暖著受難者的心，
你是光明的象徵，你是勝利的旗幟，
你是光明的象徵、勝利的旗幟，
勇敢的中國學生們，
我們光榮的生活在你的年代，
朝著你的方向，跟著你的火炬，
走向自由幸福的新世界。

勇敢的中國學生們，
我們光榮的生活在你的年代，
學著你的榜樣，跟著你的火炬，
走向自由幸福的新世界。

還有，〈唱出一個春天來〉：

青年的朋友趕快來，
忘掉你的煩惱和不快，
千萬個青年一條心，
唱出一個春天來。
西邊的太陽下山了，
東邊月亮爬上來，
從黑暗一直到天明，

快樂歌聲唱不完。

還有，〈向太陽〉：

兄弟們，向太陽，向自由

向著那光明的路，

你看那黑暗快消滅，

萬丈光芒在前頭。

再引一個，雲南一二一慘案後唱的〈追悼歌〉：

安息罷，死難的同學，

別再為祖國擔憂；

你流的血照亮著路，

我們會繼續前走。

你是民族的光榮，你為愛國而犧牲。
冬天有淒涼的風，卻是春天的搖籃。
安息罷，死難的同學，
別再為祖國擔憂；
現在是我們的責任，
去爭取平等自由。

（除了麥浪的歌以外，還有一支在台北監獄和西本願寺裡廣泛流傳的歌，第一句是：「我們在這裡磨練、磨練。」其他的我都忘了。）

這些歌使我們能夠度過無聊的日夜，但是我們這批年輕人的精力實在是太充沛了。大概在住進台北監獄一個月以後，我們就辦了一個雜誌，我還寫了一篇文章，叫〈爲什麼扭秧歌〉。扭秧歌也是和麥浪這些人學的，但是爲什麼要扭秧歌，我居然寫了一篇很長的文章，獲得周自強的欣賞。周是台大學生中最成熟的一個，假如台大學生裏有共產黨的話，周得我的第一票。他一手拿著雜誌，一手指手劃腳，他說你這篇文章寫得很好，問我在哪裏唸書的，當我告訴他我以前從來沒有扭過秧歌，他大吃一驚，就把話題轉走了。雜誌出了一期，便停掉了，因爲大家都覺得太危險。

我們還做過一次麻將，用家裡送來的點心盒子和其他的硬紙板，剪得麻將牌的大小，幾層黏成麻將牌的厚度，然後在地上磨平，劃上和寫上每張牌的花色和字號。因爲大家都有時間，不到三天就做好了一副很好的麻將。我們打了不過兩、三天，有人（我記得是王耀華）提出抗議，說我們生活流於腐化，這大帽子一戴，大家沒有話說，把辛辛苦苦做的一副很好的麻將送給了看守。至今我對這件事還是耿耿在懷，王耀華太不能 relax 了。

就這樣，我們這二十個人在牢獄裏度過了三、四個月，我現在把十幾個人一個個描寫一下：

（一）王耀華，台大外文系。他是學英文的，河南人，中等個子，做人很嚴肅。他有一個女朋友叫陳詩禮，在麥浪裏曾演王大娘，王演補缸匠。四六前，陳聞訊跑掉了。

(二)藍世豪，福州人，台大工學院，在學校裏成績大概不是頂好，但是做事很能幹。

(三)周自強，浙江人，台大工學院電機系。上面已說過，在台大學生裏面他是最成熟的一個，聰明絕頂，是個發號施令型的人物。

(四)孫達人，台大外文系，大概是上海人，有上海人的氣度。言行像文學家。

(五)宋承志，師大學生，四六早晨被捕時，用刀片割腕企圖自殺沒成功，長得很英俊。

(六)陳錢潮，大概是浙江人，常常說他名字來自錢塘江。體較胖，外號陳胖子。唱歌最多，笑得也最多，是個樂天派;台大電機系的學生。

(七)盧秀如，台大法學院，大概是江浙人，是一個幕僚型的人物，常常與周自強、陳錢潮、王耀華等人細語。

(八)黃金榮，福建人，台大工學院電機系，經常一邊歪著頭，一邊用手去撥掉在額頭的頭髮。外表和動作都像後來的羅伯甘迺迪(Robert Kennedy)。

(九)許冀湯，只知道是台大的學生，不愛說話，我相信是功課很好的學生。

(十)許華江，江浙人，唯一有點禿頭的，只知是台大。

(十一)申德建，北京人，是台大學生裏最冤枉的；工學院，不大說話。

(十二)陳琴，台大地質系，福建人，戴著銀絲邊眼鏡，是書呆子類型的人。

(十三)莊輝彰，除了我以外，是我們當中唯一的台灣人，個子高大，大鬍子，性情明朗。

(十四)趙制陽，大概是我們學生之中年紀最大的，外省人，不大說話。

(十五)丘宏仁，年紀最輕，做事很慢，不像是共產黨延攬的人才。他父親丘漢平是福建省立法委員，大概是得罪了人，所以大兒子被牽扯下獄。

（十六）史習枚，是江浙人，新生報副刊「橋」的主編，筆名歌雷，留著大鬍子，但說話聲音很細。

（十七）董佩璜，中華日報記者，也是江浙人。

（十八）王惲，不知道是何許人也，但教我們大家一首歌叫〈感謝解放歌〉，一定是去過北方解放區的。

這十幾個人裡面有一個恐怕是給情報處工作的。有，是絕無問題的。是哪一個？我不敢說。

十二、回到情報處

在台北監獄過了幾個月相當有意義的團體生活以後，有一天忽然聽到我的名字和另外三個人一起，被叫到台北地方法院，說要宣判了，而且叫我們把隨身的東西帶著，不再回來了。大家都說沒有問題，你們可以回家了，我們自己也很樂觀。這時的心情是很複雜的。回家當然是每個人自第一天起的希望，但是離開其他的難友，離開這其他共苦難的同志，也很難過。一個個隔著門握手告別以後，就在他們的歌聲中：「……在南方、在北方、從中原，到邊疆。你響亮的聲音，鼓勵著鬥爭的人民，溫暖著受難者的心……」高高興興地出了監獄，走上卡車。

剛才已經說過，我們四個人到了法院才知道，等待著我們的，不是溫暖的家，而是那個最嚇人的、到台北監獄以前住過幾天的情報處。我們的失望是不必說的，孫達人聽說還要一個時期的「學習」，而學習的地方是什麼地方，幾乎暈倒，連忙坐下。丘宏仁開始大罵；史習枚和我都目瞪口呆，因爲希望太高，失望也就是異常的。我們四個人在與法官說完話以後便分開了，我不知道他們，我自己，戴上手銬（一種金屬，兩個圈子，只要有一張紙或一根木條，保證我可以十秒鐘以內把它打開，但是我們並不聲張，因爲如果看守知道了，拿去換一種好的，豈不大傷感情）。坐上汽車，就往北門方向開，這次沒有蒙眼，卻更讓人擔心。是不是不怕你知道在哪裡，因爲反正你也出不來了？

這個地方原來是日本人的一個神社，叫西本願寺。東去不遠，是東本願寺。

東本願寺後來是台灣交響樂團的大本營，現在也已拆掉。西本願寺則至少從一九四八年起便改建為情報處——情報處這是俗名，和軍法處分開。軍法處也有政治犯，但是它的名譽要比情報處好得多；軍法處比較守法，少用刑求，而且都辦的是軍人的案子，情報處則什麼都有。

我到了情報處以後，被放入一個大房間，大致有三米寬、五米長，長方形，一個短邊有個門，門內有一米左右寬的地面，靠牆放了一個大木桶，大小便用。前面地面上是一個台，上面鋪著一層舊的榻榻米。這便是二十個人睡覺的地方。兩面是牆，門對面是一面大窗，裡面裝了直立的鐵欄杆。我被放在屋子最裡面的一個角落裡，後窗的下面。安頓下來以後，便四面看看我的周圍。

屋裡有二十個人，我都沒有看見過。進去不久，有一個三角形頭、上面的門齒上有個洞的人，便來打了個招呼，並且拿出一個小小紅色的台大學生證給我看，小聲說：「他們沒拿去。」上面寫著他叫斗××，台大文學院的學生。睡在我斜對面的兩個中年人，顯然是台灣人，一個塊頭很大，上唇留些鬍鬚，似乎是習於發號施令的人，姓楊。他右邊躺著的一個，姓林。比楊年紀似乎大些，但個子小不少。他們聽說我也是台灣人，對我發生了很大的興趣，問我家裡的事情。我姑且說，他也姑且聽。還有一個顯然是高級知識分子，後來知道是台大的鮑世緒。鮑世緒肉皮白白的，說一口上海話，在這裡很不稱。

在這裡，日常生活規律和監獄裡很不一樣。飯菜要「一小快，二慢多」的，不然吃不飽，活該！家裡有人送來好吃的東西，每人一份。這倒不是強迫的；你有沒有在二十個餓人四十個眼睛之下獨自吃東西？每天散步兩次，是買煙捲和與關在別室的熟人談話的機會。在監獄裡，我們住了幾個月也沒有新人出、舊人進（除了宋承志從醫院裡回來）。但這裡則「新人來，故人去」是常規而非例外。

先說說故人罷！這裡是個「看守所」，所長姓石，是個少校。常常到牢房裡來「察看」，然後逗留不走，跟犯人聊天。他的下面有個張醫官，名字我不記得了，但是他那肥大的臀部，一走一搖的步法，現在還在目前。

有一天我決定也要參加別人開他的玩笑了，於是他上班時我便嚷：「張醫官，張醫官！我有點兒便秘！」

「好，就給你開藥。」

等了一會，聽見前面那位斗先生與他小聲談話，聽見有「拉稀」這個詞，就大聲嚷叫：「治拉稀的來了，我今天大便有水。」

我想如果他同意我在一天之內能同時便秘又拉稀，這個玩笑非同尋常。不料張醫官今天有些異常，聽出來這是來說他的笑話的，便把紙放下說：「你們天天跟我搗亂，今天看我的。」我聽見這話，不禁暗暗叫苦：每天都是模範犯人，只有今天開了一個不關疼癢的小小玩笑，莫不成要把這條小命送掉不成？可是有什麼辦法？病從口入，對不對，我沒有意見，但「禍從口出」，這可是無疑的了。果然當晚，我就被叫到石所長的辦公室裡去坐。他問我姓什名誰，爲何今天在此？我便照實招上，包括張醫官的肥臀。說到張醫官，我看石所長也忍住笑——也許是我的想像。問了我至少一個半小時以後，所長甚麼話也沒說，就叫副官把我送回牢室。

這時全屋的人都想我今天闖的這場禍，至少是屁股一場鞭子，我回來卻像個無事人，都驚詫不已。兩、三天以後，我們醫務室的男看護，在我們屋裡給一位難友換藥時看見我說：「小孩兒，你真是有福氣。要是前任所長，你的小屁股不爛才怪。以後說話還是小心些。你知道這裡是什麼地方？死個把人不算什麼！」

雖然死個把人不算什麼，在這裡面，醫務室還是忙碌不堪，但我們這間屋裡除了傷風和咳嗽以外，只有一個病號──梅毒。這位先生是我來了兩個月以後才來的，他來了以後就廣事宣傳他怎麼樣不傳染梅毒的辦法：把妓女找來以後，先摸弄乳房和下體，等到「出水」爲止；這時妓女害羞，便自己去把淫水擦乾淨，這以後再接觸就保險了。後來因爲看護來換藥，大家都知道這位先生有梅毒，就問他的方子爲何不靈？他便說他起先不會，所以感染的。

大家都覺著說說妓女、乳房、摸弄下體這種事有點下流，其實在牢房裡面這都是放洩堆積起來的性慾的方法。我們的屋裡有一位趙先生，是山東流亡學生的老師。他常常在說他們的流亡故事時，暗示他和女學生的性關係，以及他自己在這上面的本事。有人順著他的話說請老師介紹一個女朋友，他就說他的學生都有一個缺點。什麼缺點？大奶子。有個上海人，專講上海妓女故事，人人聽得津津有味。聽得忍不住了，就到被下面去打手筒，或找鄰居代勞。有一次我的鄰居忍不住了，叫我給他弄，我們兩個人在一條被下，那高起來的尖峰一上一下的，就在被的中間。我知道楊、林兩位先生在看，但是他們都以爲是我。我真想出去跟他們說是我的芳鄰，不是我，但是終於沒說。這在台北監獄裡也做過一、兩次，這不是同性戀愛，而是牢獄特有的特徵罷。

在上面說到山東流亡學生。我們門前的走廊向右邊走，左右兩邊都是牢房，裡面住的以山東流亡學生爲主。他們經常是躺在床上的，給我的印象是瘦骨嶙峋的重病者，一個個要掙扎起來的樣子。他們的故事，其中有若干像是還珠樓主的故事一樣，一條線索是說不完的，我希望有比我知道得更多的人來寫。因爲他們是長期的鄰居，我回來情報處的時候，他們就在這裡，等到我離開時，他們還在這裡，所以提了他們一下。

這裡來往的客人，多半是單身的。只有一次來了一群，大概有十來個，都穿著軍服，來了以後，因爲沒有房間，把他們就都放在走廊的牆根；有五，六個坐在我們的門前，其它的便坐在走廊的兩邊，正對著我們。這些人跟別的人可說都不一樣，一點害怕的樣子也沒有，倒好像在作團體旅行。

一個高大的漢子，光頭，氣概揚揚地，問我們：「你們犯了什麼罪關到這裡面來的？」

有人說：「政治犯！」

又有一個聲音嚷出來「匪嫌！」

這個大漢不懂什麼是匪嫌，有人便給他解釋：「這些人都有共產黨的嫌疑。」這個解釋引得這夥人大笑起來。

我們這邊有人就問：「你們是爲什麼關進來的？」

大個子大聲說：「我們都是共產黨啊！」

原來這十來個人都是金門打仗時軍官級的俘虜，大個子是團政委，團長也被俘，但受了傷，一條腿裹在石膏裡，單獨有一個房間，其他是營、連長。他們裡面還雜有兩個共軍的火夫，成天問我們他們會不會被槍斃。我們安慰他們說，戰俘是不會槍斃的，心裡卻沒有信心。

有一天，石所長走過，問這些俘虜們有何要求。他們說，唯一的要求是見一見他們的團長，因爲被俘之後，他們還沒有見過。所長說好。不久一個中等身材，右腿從腿根以下全給石膏裹住，在胳肢窩下夾著兩根枴杖的人，慢慢地一步一步走過來，先和他的政委握了手，然後與其他的人一一握手。和其他人握手時，劉政委一一介紹。看來他們不是屬於一個團的，他的政委認識這些人，是被俘以後的事。然後，大家圍在地上坐了一圈，劉團長(他也姓劉)先拿出來的是美國煙，他說是幫他開刀的美國軍醫給他的。他對一圈人作了個姿勢，沒有人接下來，大概是捨不得把他們團長的好煙給抽完。話匣子一打開，就是被俘這一仗是怎麼打輸的。這就好像他們在戰後開會檢討失敗的教訓似的，石所長也在旁邊聽得津津有味。

原來，這場子仗是輸在天氣預告上面了。他們有三個團，還剩一千多人，預計當晚在金門的古寧頭海灘登陸的。天氣預告說當晚七時是高潮時刻，然後逐漸下降到十一點爲低潮。我不知道誰發的天氣的消息，也不知道各級的指揮官（或者跟著他們說叫指戰員）對這樣緊要的消息有沒有「重覆查證」（double-check）。從他們——也就是我們這兩個倒楣的團級幹部來說，當晚的攻擊命令就等於送死的命令。

部隊給送到古寧頭海灘上的時候，正是最低潮的時候，一千多人一個個上岸，一個個被坦克車上的重機槍擊斃。我後來大學畢業，在預備軍官訓練班受訓時，是上的裝甲兵學校，深知那坦克車上五〇機槍的利害。兩架五〇機槍在海灘兩端一交叉，那一大片海灘上面被月光照得清清楚楚的千把人，就這樣犧牲了。劉團長、劉政委，現在在說話的營連長，都是劫後餘生的幸運兒。但像《三國》裡說得好，慷慨犧牲易，從容就義難。這一小群人的命運還不知怎麼開展。照日內瓦的國際公法來說，戰俘是不能虐待的，更不要說處死了。但醫務室的看護說得好，這是什麼地方？死個把人不算一回事。

我常常想到這一群人，不知他們就在那天聚會以後不久，被叫到什麼地方去了？後來又怎樣了？這個我知道：劉團長在一群人走了以後好幾天，還在走廊上被看見夾著楞杖上廁所。

十三、內湖

還有一個有關金門俘虜的問題，不久便自己解答了。不知是十二月還是一月，有一天看護一早就來道喜：「恭禧恭禧！你們都要出去了！」我們問他到那裡去，他便守口如瓶，一個屁也不放。走，走到那兒去？看這個看護的口氣，要離開這裡是無疑的，但是到那裡去呢？回到台北監獄去，倒也不錯。但是它裝得下嗎？還有一個不大可能的可能性：以前皇上要砍頭的時候，劊子手對犯人不就是說：「今天是老爺大喜的日子，恭禧恭禧！」這個可能性不可排除。

果然在午飯後接到命令，把私人的東西收好，十分鐘之內要出遠門。「遠門」？「大喜」？值得憂鬱。但是出門被叫名字的只有一半的樣子，這一半人出門，和我們離開台北監獄時，大不相同。不但沒有唱歌，沒有握手，連看一眼都沒有，「義無反顧」，出門就登車，走罷！開了開，雖然是在市裏大街上開，但是方向是單的，好像是到圓山那個方向去。半個小時以後，車子轉到一片林子裡面去，再走一會，到了一個池塘，便停下來了。

池子的一邊有一間像軍營式的木頭房子，進去看見兩排雙層的床，與牆壁垂直，擺了兩排，一共可以算出四十個床來，那就是一個象限有十張床，可以住二十個人，這一間屋子便可以住八十個人。這樣住，比情報處的一間房子——大概只有這間房子的八分之一——住二十來人要寬敞得多了（集體槍斃的學說早已給人家忘掉了）。外省來的人多半是不熟的，即使本地人要逃走也很費事。

隔著池子，有兩間平房，建在一個用兩個木頭做的闕的一邊。兩個闕上面用一條木板連起來，上面應該是這個機關的名字了，但是字是朝外的，裡面看不見，要不然我倒很想知道，這關了我已經快要週年的「機關」是叫什麼名字？兩間平房是辦公的地方。在平房的附近，但離開政治犯的房子很遠，隔著整個池子，又有好幾間和我們住的完全一樣的房子，裡面住滿了人，就是金門俘虜來的解放軍！

在這裡的生活完全與監獄或情報處不同，而是軍事性的。早上得早起，有早會，要聽大官、小官講演。而且要唱歌。什麼歌吶？國歌、國旗歌、打倒共匪，還有一個新歌叫〈保衛大台灣〉，歌詞是這樣的：

保衛大台灣、保衛大台灣，
保衛民族復興的聖地，
保衛人民至上的樂園。
萬眾一心，全體動員；

節約增產，支援前線。
打倒蘇聯強盜，
消滅共匪漢奸！
我們已經無處後退，
只有勇敢向前！
我們已經無處後退，
只有勇敢向前！

這首歌大家都覺得不錯。雖然共俘也喜歡唱——尤其是唱到「我們已經無處後退」的時候，這一句的聲音特別大——但哀兵必勝，而且是實情。可是不久就又被禁唱了。爲什麼？據說並非爲了無處後退，而是爲了第一、二句，因爲常常被唱成：「包圍打台灣！包圍打台灣！」

台灣就怕被人包圍，然後挨打。所以我在這一年裏學的反共歌，一個都不能唱。

我們給送到這裡來，目的是像那位法官說的，是來被「訓練」的。我們這些知識分子要如何培養、訓練，我因爲在這裡的時間太少，沒緣領教。但是我曾經偷聽過金門戰俘的課。這是個一對一的tutorial（個別指導）：

教（穿軍裝，二十出頭，可能已在軍校畢業）：「你在這裡與原來的部隊有什麼不同？」

俘（穿俘虜裝，二十上下。剃光頭，華北農村中的典型老實人的樣子）：「不一樣！就像是我走出走進營部的時候，還要給衛兵敬禮。看見了個官，又要敬禮。」

教：「這是非常重要的『禮』。軍隊裏沒有禮就沒有秩序，給衛兵敬禮是尊敬他的守衛的職務；給長官敬禮是尊敬他比我高的階級。這是從三千年前孔子的時代就傳下來的。」

俘：「我們那邊不敬禮，也照樣有秩序。看誰輪到站崗，點一個頭；我們沒有階級，照樣也有發命令的，有把命令接過來照做的。」

像這樣的課，我也想上。但是我在內湖的時間太短了，剛剛安頓得差不多了，我就該走了。

就在我們到達內湖一、兩個星期左右，一天早晨，我們正忙著打掃時，聽見營長叫我的名字，跑過來氣都喘不過來似的，一邊說：「恭禧，你要回家了。」這時候，果然門口進來一輛汽車，上面坐著的不是父親還是誰？營長也極興奮，我相信他真不要我在他的營房裏。

我收拾了我的私有財產，將我身上所有唯一我知道大家都想要的——一副撲克牌——送給一個新來的姓孟的東北人，就要和幾個官握手道別。營長說：「等一下，還有一件公事。」說著就從他的大皮包裏，拿出一張油印手寫的小紙條來。上面寫的字，大意是：發誓不將我被捕之後，在裡面所見所聞之事，對外透露。如今我將見聞一併抖露出來，一來是這個誓是被迫發的，二來是因爲當時我對它發誓的機關也早就不存在了。

他將小紙條給我和父親都看了一遍以後，拿出一支原子筆來，給我寫上大名，就叫我跟著父親上路回家了。

十四、回家

在路上，父親告訴我是怎樣把我保出來的。很不幸的，今天是祖母出殯的日子。但是在她老人家走以前，父親的至交楊肇嘉先生到彭孟緝副總司令那裏，磨了好幾次，由父親寫了好幾封信，希望還能在她走前見她這個愛孫一面。也許副總司令被感動了，也許楊伯伯的磨工好，終於得到他的同意，令我父親把我領回家去教管。

不論楊肇嘉爲了我付了什麼代價，他至少要向保安司令部定期報告我的言行。這裏是我放出來幾乎兩年以後，一九五二年的八月十一日楊肇嘉先生向台灣省保安司令部新生訓導處一個姚處長的報告[1]：

事由：據飭轉知張光直即向住在地警察機關報到，並將其離隊後之生活動態查告乙節复請賜查。

一、奉(四一)安感創字第(〇八一二)號公函敬悉。

二、查該張光直係肇嘉前向彭副司令陳述該青年尚堪造就，懇予酌情寬處乃荷特准開釋，當時并未奉示須向住在地警察機關報到及報告離隊後之生活動態等情，故迄未辦該項手續，致感歉悚。

三、茲奉指示，除立即轉知該張光直，逕向住在地台北市警察局延平北路二段派出所辦理報到外，并將其離隊後之生活動態分陳如次：

(1)該張光直於民國卅九年三月十二日奉准離隊後，即在其台北市延平區甘谷街廿四號家中複習功課，準備升學，旋於同年八月投考國立台灣大學文學院考古人類學系一年級，幸獲錄取，十月入學，每日由其家中走讀，肄業至今，現第二學年功課讀畢，暑假後即將晉入第三學年。

(2)該張光直在受訓中深悟訓誨眞理，益使其堅定反共抗俄之信念，復激於政府愛惜青年之德意，故離隊後即不敢隨便與人交際，一味讀書，冀能成為一忠實有為國民，圖報國恩於萬一，努力功課，故其在學二年間，品學均列優等，並受領教育部工讀獎助金及省教育廳特種獎學金等，有案可稽。

四、以上復請賜察為荷。

報告人：楊肇嘉

住台北市牯嶺街八號

綠島郵局台字第七一五八號信箱

註①：我要謝謝張炎憲先生在楊肇嘉先生的遺物中找到這條記錄。

後記

我在這裡寫下來的這些瑣事，在心裏記憶了近五十年，沒有更早寫下來，是考慮到有關人的隱私權問題。現在事過景遷，訪舊半爲鬼，再不寫，恐怕這一小段歷史就沒有人記得了，所以把這幾年的事情記下來發表。這些既然都是實事，人名也不用假的，希望當事人同意我現在把這些事情記下來。這些事情的大綱是不錯的，但在細節上一定有很多小錯，因爲這都是用腦子記下來的。希望讀者不吝校正。

五十年前的這些人物，現在都到那裡去了？羅老師、翁廷樞、父親、阿燕姑、曾建成姑父、阿梅姑、廖先生、阿安表哥、瀛洲表哥、阿惜、土城的姑婆、陳文彬校長、謝操、陳誠、傅斯年、蘇薌雨、洪炎秋、邱宏仁、史習枚和楊肇嘉，都作了古人。

四六事件的受難者，後來來往很少，他們的下落，我多不知道。只知王耀華出獄後在美國與一個美國女子結婚。陳錢潮最後的消息在大連，據說是在治療癌症。孫達人要到一九九七年才看到，他說他在我出來以後不久也出來，結婚以後，他的夫人一度做過台大法學院的院長，他自己則含光隱銳，過了多年的平安日子。

申德建後來也出來，繼續讀完工學院，在台灣服務。他的哥哥後來在大陸有一次來找我，要我給他寫一篇證明書，說申德建所以能夠活著出獄而沒有做爲「先烈」死在獄中，是因爲他原來就不是共產黨，受我的牽連而入獄，絕非出賣同志或幹了其它叛徒所做之事而出來的。我當然覺得這個要求相當奇怪：申德建有沒有入共產黨竟要我來證明！說實在的，我還真的是不知道。但是既然他要，我就寫，我於是寫了一封信，說申德建之入獄，完全是溫景昆害的！溫景昆在他寄給我的信裏，說要我把他（溫）寄給我的一本書看完以後交給他（申）去看。就這一句話，害得申德建坐了至少一年的牢。假如我記憶不錯的話，溫景昆叫我看完交給申德建的這本書，我根本沒有看，更不要提交給別人了。他的哥哥收到我這封信以後，非常高興，說是替他解了多年的一個冤枉結。我也很高興，但是不知爲什麼一個領導的人物不能相信他自己的人。

常常有人問我：這一年牢獄之災對你有什麼影響？我想它影響了我一生做人的態度。在那個環境裏，人的「好」與「壞」是很難判斷的。「特務」一定是壞人囉？被抓去那天，那幾個到我家來的特務，很顯然有保護我的行爲，不然我的罪狀一定要大得多。石所長也不是壞人；假如我親眼看到他使用刑求，而且以此爲樂，我當然要說他的壞話，但是我實在不能想像他會參與刑求。羅老師是個有理想、有忠心、有果斷的人，但他至死還讚揚殺死他的這個列寧式的極權制度。

也許有人說：他如果變了心，還不如「從一而終」好。但是我能不能說他盲目不見真理呢？什麼是真理？誰說的是真理？麥浪的一群青年們，也包括當時的我在內，都是有理想、愛國愛民、肯犧牲的革命青年。後來他們所要的革命成功了，假如他們在一九四九年，已經知道這個革命在一九六九年——才二十年以後——的中國所造成的一切後果，他們還要唱「朝著你的方向，跟著你的火炬，走向自由幸福的新世界」嗎？他們還會說：「你看那黑暗快消滅，萬丈光明在前頭！」我看是不會的了。但是在一九五〇年我出獄以後，這些事是還看不出來的。然而後來的發展如何？現在，都是歷史了。

我在當時，坐了一年的牢，接觸到各樣的人，出來以後，對人之爲人發生了很大的興趣。我看到兩夥人，或說兩夥都包括著好人的人，代表兩種不同的制度，在一個大時代碰在一起，各爲其主，各盡其力，彼此相互鬥爭，結果爲何而死？他們自己也不知道。爲什麼人這樣容易受騙？爲什麼肯這樣出力地鬥爭？這使我非常好奇。我出來以後，沒有繼續唸書，在家裡自己讀點書，以同等學力的資格考上了台大的考古人類學系。考這個系，基本的原因就是想知道上面所說的「人之所以爲人」。有沒有結論呢？那是五〇年代以後的事了。

附錄一

羅鐵鷹先生和羅鳴先生的四封來信

來信之一（羅鳴）

張光直先生：

您給我父親的信收到了。他因爲身體不好，事情也繁雜，故一時不能回信。我就先給您寫封信，我想向您打聽一下哈佛大學是否有數學系。如果有的話，您能否給我介紹該系的數學家，特別是搞數論或非歐幾何的專家，我有極重要的數學論文想寄到美國去發表。您可知道美國關於數學方面的刊物？如果知道的話，我想請您把我即將寫好的論文交給刊物一份。另外，這類刊物的通訊地址也請您告訴我。祝您

全家幸福

羅鳴　一九八〇年五月廿八日

來信之二（羅鐵鷹）

光直同志：

三十二年來，我一直深深的懷念著你，而且爲你的安全而耽憂！五月底，我由外縣朋友處回來，看到你從美國寄來的信，我真是太高興了！我很想馬上就給你寫信的，但由於我一回來就生病，稍好一點，我又接受了系上給我的一個臨時任務（我尚未上課，身體雖壞，也只好勉強接受下來），任務算完成了，但我又病倒了，而我打算給你寫的信是長信，故一直拖到今天才動筆，真是抱憾不已！但我需告訴你：我手頭積壓著近廿封朋友和學生的來信，都應很快作覆，我現在動筆寫信，這是第一封哩！你應該原諒我！

四九年初我和你們分別到上海後，並未回雲南，而是到江蘇解放區（裘悍臧回嵊縣）。上海解放後，我轉上海市軍管會文藝處搞研究工作。那個時期，我發表文藝理論批評文章較多，出席過上海市第一屆文學藝術工作者代表大會。五〇年底，我和文藝處的領導同志一同調回雲南，到雲南省文聯工作。由於我既回雲南，我就想進行長篇小說創作，故我回來後約四個月，經過一再要求，我就到農村參加鬥爭去了。我從減租退押一直搞到合作化。五五年春，我才回到文聯。我正著手寫長篇小說，批判胡適了。我停下小說創作，寫了一篇批判胡適〈中國哲學史大綱〉的長文。此稿未及發表，我即因過去和胡風及其骨幹分子之間有過一點發表稿子的正當聯繫而受到審查。黨是英明正確的，經過近廿個月的調研，終於對我作出了正確的結論，並肯定我在民主革命運動中對革命有過一定的貢獻，（時五六年底）我沒有遭災。

五七年春，因昆明師範學院須開設文藝學這個課程，我被調來教此課和中國現代文學名著選讀。一調來就教四年級這兩門課，我不但不能繼續寫長篇小說，連講稿也無法全部寫出了！

我調到師院後，和裡面的同志是相處得好的。不幸，五八年春，我被原單位文聯裡錯劃為右派分子，而且後來被開除公職，回到故鄉當農民。在這二十年漫長的歲月裡，我的生活是夠艱苦的，但我的心始終向著共產主義，向著黨，我始終堅信黨總有一天能了解我。故我沒有被人生最大的委屈壓垮，七次申訴毫無音訊，我仍不消極悲觀。我十餘年如一日地在公社裡作一個土地上忠貞的士兵。我的腰骨跌斷過，我是廿公斤都挑不動的人；但我在粉碎「四人幫」後的七七年冬負責種下的小麥成長得最好，曾引起縣上重視，派過縣四幹會代表和大理州農科所幹部百餘人前來參觀。據他們估計，如無自然災害，將來可能增產一倍半左右，成為縣內的最高紀錄。可惜收獲前約廿天遭澇，跟周圍的小麥一樣，被淹死了！通過此事，說明我們的生產還很落後，但同時我十分明顯地看得到祖國農業的光輝的前景，我是非常激動的！我寫下了四首詩，組合成〈小麥組詩〉，去年寫出後，由於腦病及其他原因，我尚未把它改出。待將來改好並發表後，我即寄給你看看。

粉碎了「四人幫」，祖國和個人都重新有了希望！感謝華國鋒同志爲首的黨中央的英明措施！我被錯劃爲右派分子的事，已於去年三月間得到改正，我已於去冬回到師院中文系了，我原是搞文學理論批評的，主要精力是花在蘇聯文學研究上，近廿年來的中國文學作品，我讀得很少，現在，師院裡要我九月起講授中國當代文學，是夠我忙的。

我的心臟、肺臟都好，肝膽上有點小問題。主要是近五年來患慢性腸炎和結腸炎，吃得很少還消化不了，久治不癒。此外，我腦子上的病也不輕，每患重一點的感冒就不能用腦。我仍想寫長篇小說，但健康狀況使我不敢下此決心。

我廿多年沒有發表詩了，去年發表了〈望昆明〉一詩(見下文)，茲附信中寄給你看看(我的兩鬢猶黑)。

因爲有病，我直到今天還沒有去看鄒啓宇老師(最近一定去)。所以，我還不知道別後你是否繼續搞文學？我總希望你能搞點文學創作和翻譯！你和去延安的

哥哥取得聯繫了吧！但願如此！如還沒有，望告訴我：他去時進延安何學校？也許我能替你探到他的消息。順祝

你好！

（此信原寫得很長，寫出後又改寫短了。）

羅鐵鷹　八〇・七・一

（你給我兒子羅鳴的信，已於本月一號收到。謝謝你的關懷！特別是你關懷著我，到處打探我的消息，終於探到而與我聯繫，給了我很大的安慰和鼓舞，使我非常高興！）

（我迫望你在今年或明年再回祖國一次，而且能到雲南重遊一次！如能在春季來，我們還可以到大理耍一耍「三月街」（在陰曆三月頭），如只能到北京，我到北京來和你一晤。我靠著字典還能讀點英詩，望將美國近幾十年來最好的詩集，特別是無產階級及進步詩歌的集子，寄贈我一兩冊！）

〈望昆明〉

羅鐵鷹

五百里滇池奔來眼底，
馬街子工廠的長頸聳入青雲。
在這碧雞關上，
在這朝陽閃耀的春晨，
透過蒼郁的叢林，
我看到你了！
昆明，美麗的春晨！
我是在你懷裡成長起來的！

你的一草一木
都在我的記憶中長存！
人人愛你：
笻竹寺裡的羅漢坐臥如生，
龍門石雕的駿馬凌空奔騰，
翠湖垂柳的倒影富于畫意，
滇池壯闊的波濤充滿詩情；
人人愛你晴雨宜人，四季如春；
你懷裡高架著當年懲罰過侵略者的古炮，
你懷裡發出過護國討袁的呼聲，
你懷裡猛刮過反饑餓反迫害的風暴，
你懷裡掀湧過聞一多的犧牲精神，
你是英雄的春城，

你懷裡包藏的罪惡曾激起我的仇恨，
啓示我為正義獻身！
當我們把五星紅旗插上五華山頂，
把剝削者掃進歷史的糞坑，
以勞動把你改變成生產的春城，
使你的面貌煥然一新，
你更加可愛了！
我愛你愛的更熱，愛的更深！
哦，闊別了二十年漫長的歲月，
我懷念著你，
就如孩子懷念自己的母親！
我曾夢臥翠湖堤上親吻你的泥土，
我曾夢登聶耳亭環視你的全身！

每當工業品上「昆明」二字跌入我的眼睛，
我的心中一次更比一次歡欣！
當「四人幫」倒行逆施，
攪得工人心灰意冷，壓得人民不能吭聲，
我就義憤填膺！
當我聽到：
「昆明工人在水泥電杆上大書『打倒江青』」，
我更感到你是英雄的春城，
當我聽到：
「自從粉碎了『四人幫』，
昆明工人創造歷史的豪情與日俱增」，
華主席黨中央發出新長征的號令，
他們鼓起了沖天幹勁，

使廠礦的產量急升。」

我心中高興萬分，
我的心立刻長出了無形的翅膀，
飛到你的面前，飛向北京……
現在，夢想變成了現實，
車行在碧雞關上，
我看到你了！
昆明，美麗的春城！

憶當初投入你懷裡，我童音未改，
你是一個古樸的春城；
如今，你的新顏不知何等媚人！
而我：耳聾，齒脱，兩鬢如銀！

但是啊，昆明！
我這雙繭手仍充滿著力量，
我的心中鼓滿了熱情，
為實現四個現代化，
——向著我們崇高的理想攀登，
堅決跟青年一同奮勇前進，
爭取不辜負黨和人民的希望，
也不玷辱你的美名——
昆明，美麗的春城！
美麗的春城！

來信之三（羅鳴）

張光直教授：

去年我和父親都曾先後給您去了信，我父親在思想的表面上傾向於共產主義，……。父親在昆明師範學院執教，他被共產黨整了二十多年，五九年劃爲右派，被關押、勞改，現已成殘廢，前年才恢復他的職務，但實際上已無法工作了。他對毛澤東的獨裁尤其痛恨，因爲他就是一個犧牲品。我也被××搞得幾乎喪命，正在治療，病是否能好，只有上帝才知道。

我還想告訴您的是，今年三月二十日，我已把論文《非歐數論與費爾馬猜

測》寄給了陳省身教授。祝
好！

羅鳴　一九八一年六月十一日

來信之四（羅鳴）

張光直先生：您好！

好幾年未通信了，不知您情況如何？

我父親已於去年八月廿九日在昆明逝世，他過著悲慘的一生，被打成右派，送去勞改；鄧小平上台後才摘帽回昆明師院。肅反時被打成胡風分子，他想不通跳樓自殺，成了終身殘廢。可他還是對政治看不透，……臨終前還叫著：「列寧最偉大！」真是令人痛心啊！

我八一年把論文寄加州陳省身先生處，他未答覆，估計他也搞不清。事隔五年了，我的研究有了可喜的重大進展，解決了比費爾馬猜測更廣泛的問題，我寫成論文《數學的危機與革命——幾何學的新發現與不定方程》，於本月一號寄中國數學會《數學學報》，可能最遲明年上半年發表，它將是震驚世界的一件大事！我有絕對的把握成功。哥廷根科學院懸賞十萬馬克，一直沒有人能去領，現在，我可以說我百分之百的領定了！

父親給我講起你在台灣小時候上學的情形，他對你頗有好感。說你天分很高，你們之間關係很好的等等。

陳省身於今年六月來我校作了一次報告，他講的東一句，西一句，邏輯性不強，令人失望。

父親死後，欠債七百元，至今沒還清二百多元，所以請您一定寄相當於二百元的人民幣的錢來，寄美元也可以，兌換成人民幣寄來也可以，不知道您是否能夠辦到。

我成功之後，可能有出國的機會，說不定我們能在國外見面。

就談這麼多。問候你全家人好！祝您
身體健康，一切順利！

羅鐵鷹之子：羅鳴
一九八六年十月十七日，於雲南師大。

注：昆明師院已於八三年拆建後，改立雲南師範大學。

附錄二

建國中學時期小說創作

老兵的佛像

建國中學　張植

是去年的秋天的夜晚，在一家酒店裏。

「依拉瞎依！」女主人喊著習慣的一句客套，一面把鄰近的一張桌子收拾好。接著說：

「請坐！請坐！」然後問了一聲，就轉到後面去了。

進來的是一位軍人。陳舊的黃色軍裝，套在他龐大的身軀上，他向這邊望過來了；果然，兩個掉了色的星，是中士；臉上縱橫的皺紋表示他大約早已達到了退役的年齡罷。黃而黑的面孔和縱橫的皺紋，顯示著他已經久歷風霜。

他的進來使我忽然生了親密的感覺。而且那和善的面孔，也引不起誰的憎惡。我想在這老兵的經歷中，不知蘊藏著多少動人的故事，於是趁著酒性，在他挾著剛端上來的酒菜的時候，就湊近和他搭訕起來。

「老總，您從那裡來？」

「哦，哦……」他似起了他鄉遇故知之感，把和善的眼光投了過來：「哦，哦，我打外省來。」

「那省？」

「哦？……」他茫然了一會。「哈哈，嘿，可教你問著了。唉，哪省都去過……」

「唔……」下面似乎也再找不到話往下接了，我只呆呆的看著他的衣服；這次，我注意到他的手在不停地撫摸腰帶上吊著的一尊銅的佛像。二、三寸，光閃閃地，好像已被撫摸了很久，很久。

「咦，老總，那是什麼？」我用手指著問。

著。

「這個?……」

「佛像?……」我看他的態度似乎對這尊佛像保存著若干秘密，好奇地試探著。

「唉。」他一古腦兒把舉起的酒一飲而盡。我看到他的手顫抖著，酒撒了一半：「這玩意兒的來由，在我想是再合乎人情也不過的。可是我幾乎為它喪失了我的生命。這故事說給您聽聽也不要緊……」

我知道故事來了，連忙坐到他那一邊去，一面招呼又叫了兩盤菜，他也不推辭，一面把花生米剝著送向口中。

「八一三那年我吃的糧，如今整整十年了。那時候，我正在山西的一個小縣城裡裏教書，就給拉進了軍隊。」他一口又飲了兩杯，把花生米向嘴中送著。

「年尾上，就在山西北邊，跟日本兒開了一仗，白天，我們一班和隊上失了聯絡，就在火線上闖來闖去。到末了，一班弟兄們就剩我跟一個二等兵，夥計們全完了。那時候，我倆心頭燒著一把火跟著一雙血紅的眼，瘋了一樣亂竄，我們也不想回隊了，就想抓住幾個日本兵，一起拚死給弟兄們報仇。那時候，我想就是狼虎看見我們也得嚇死……。」

「亂跑了兩個來鐘頭吧！也是活該，就在一個破土牆後面，瞧見了四個日本兵，都受了傷睡著，只有一個醒著，坐在牆根發楞。我們倆就像餓虎撲羊似地一下子就拿刺刀刺了三個；我正舉起刺刀要刺那末了一個，忽然看見什麼似的，也奇怪，就刺不下去。那是一個老頭子。我不能覺得我的眼前是一個日本兵，只覺得是一個和善的老公公，一個老學長，反正是一臉的害怕，求饒，跪在地上。白鬚下的嘴不住地牽動，一雙眼就只管看住我一雙兇狠的手。我就從那顫巍巍的眼睛裏，好像一直看到他的腦子，他的心，看到他是一個可憐蟲──像我一樣，離開了老伴兒、兒子、孫子，拚著老命給拉了出來。看到這，我下不去手。我殺了他就跟殺了我一樣……。」

「我把槍放下了，望望四周，看看還有敵人沒有，沒有！影都沒有。那個二等兵剛戮完了一個小伙子的肚皮，轉過身來，看了那老頭子一眼，就撲了上來。」

「『不許動！』我把他用力拖住，向後面摔過去。」

「他奇怪地瞪著我。我一時找不出話，只似乎向他解釋：『……自己人……』」

「『手銬！那老頭子腕子上！』他指著老頭子，又爬了起來。我真看不起那傢伙，拿槍背使勁揍了他兩下。」

「後來漸漸心情靜下去了，我想找路跑。可是這老兵也不好辦。我想了半天，才決定把他俘虜，就帶他一道歸隊了。」

在這時，他臉上激動著，紅紅的血筋迸出來。

「可是，那傢伙！」他捶了一下桌子，一盤花生米都迸到地上：「他給我告了上峰，說我通敵！他說，老兵給了我一個寶貝，我就放了他。其實那裏有什麼寶貝？只是這佛像。那老日本在分手的時候，握著我的手，說不出話，掙扎了半天，只流出幾行淚，最後把這東西拿出給了我，說了幾句我聽不懂的話。」

「可是我懂！他感激我！我並不自負，我以爲殺這種人是不該的！」他又用力拍了一下桌子，我趕快扶住酒瓶。

「可是上峰說是應該的，立刻就判我吃黑棗！那就別客氣，看我的人也是好兄弟，我就跑了。後來打聽，聽說長官氣得要命，差點把看守也槍斃，我就不敢回老家；帶著一顆自己覺得是善良純潔的心，東奔西跑，又入了軍隊。去年這會兒才開來台灣接收。」

他的感情平下去了，我催著他吃菜。店裏又來了兩個大學生，似乎都鄙夷我倆，嘴角冷笑了一聲，便挑了一個遠遠的地方坐下。

他又扔了一把花生米往嘴裏：「去年，我就可以回家了。可是，我出來也十年了。家裡的人在這十年兵慌馬亂裏，說不定怎麼樣了呢？老光棍一個人就在軍隊裡過一輩子倒也有點意思……」

他笑了，又吃了幾口。我默默地看著這受難的，犧牲的 Aksyomof 一樣的漢子。

「可是，大概再半個多月，就再調上東北，還要打仗，這回是打八路。可是，我再不能忘了這佛像——這仁愛的友情的紀念品。」

底下是靜默，我倆都不再說話，默默地喝著喫著，望著遠處天邊。只聽見那兩個大學生嘰哩咕嚕地談笑。……

原載《新生報》，一九四八年一月十九日

伐檀

建國中學 張植

太陽才出來不久，密密叢叢的檀樹林裡，透進了筷子般粗細的光柱，照在剛才清醒的河水，把水面的濃霧驅散。

「坎！坎！坎！……」

「綺雅海！綺雅雅兒海！」

斧子坎在檀樹上的清脆的聲音，砍樹人嘆息的聲音，接著是滋啦滋啦樹的撕倒的聲音，和整根木頭倒地的聲音。

幾十株砍過的樹根，排成一條小路。漸漸地，幾個人扛著一根大木，移行在太陽光下。他們的用力的呼聲，漸漸挨近，五個人吃力地把木頭擺在河邊。

一個年輕的疲勞地一下子坐在上面，把帽子拿下來扇著：

「媽的，一根根都扛進他莊子裏去也不知幹什麼！莊子又那麼遠，一大早起來洗臉的功夫都沒有！」

「命啊！命！還不是給老爺子造車子、蓋房……」大家痛苦地想，想把它想透。在沉默中間，火延燒到年青人的心胸：「他媽的！他憑什麼！他，他自己不來種田，憑什麼幾千幾百間的穀子，都收到他倉裡去？……」

「老爺子罵不得！」年老的惶恐地看看四周。

「老狗！你怕！你給老爺子舔屁股去！」

「嘿！小棍兒！這是你長輩！」一個臉上有鞭痕的，愛護地責備：「大叔！也是的！又不耕，又不種，到時候他拿一倉一倉的白米，他自己不打獵，可怪得意地看他媽門上吊的狐狸皮，他本來就不是好人啊！要是，他也不會坐著白吃了……」

「對啊！他憑什麼！我們耕，我們種，我們打獵，弄來了給他！憑什麼！」

「憑什麼！耕完打完還得給他砍木頭造車子！」

「憑什麼！……」

……

太陽光已經升上來，照得到幾個人的青面孔子……，一個老的也把身子靠在一株樹上。

「怎麼樣，還是得抬了走啊！……」

「我有法子！那會兒我們在北方砍過檜，從山上順著水一點不費力就沖到山底下！這兒不也是一條河麼！……」

「對啊！」其餘四個人像是怕監工來。一樣跳起來，可是那小河卻靜靜地，好像死了，只有日光照下來，一點點的燦爛的無數隻眼睛在微笑。而當風吹過，才有一點波紋。

幾個人驟然挨打了似的一下子把那股興奮丟失了。一個無聊的扔進一片石子，輪一樣的波延展開來。

「媽的！泡爛了木頭也動不了窩兒呀！」

「扛吧！」年老的勉強彎下腰去，眼前一陣黑，只好順著勢坐在地下，於是幾個人都坐下了。

「活不了幾年了……」老的嘆口氣，一面用手搥著腿。

「大叔！一清早幹麼說這不吉利的……」

「也是！一天做到晚，爲誰？白糟蹋身子骨！」

這好像一隻火紅的問號在幾個人的眼前閃耀了。

太陽的光，把樹影拉到不可再長，而直到了天邊去的時候，還看得見幾個人扛著大木在樹中間穿來穿去。

根據《詩經》〈伐檀〉改作。

原載《新生報》，一九四八年七月五日

附錄三

建國中學時期雜文作品

故鄉（外二章）

建國中學　張光直

粗線條的北國。

我感謝它——我的故鄉，它孕育了我北國的特性。

雖然是冬天，狂風怒號，下著鵝毛雪片的晚上。我會坐在火爐旁邊，嚼著花生米，翻翻新買的雜誌。但我卻尚不能和牆外的與生活掙扎的呻吟隔絕。低沈沙啞的嗓子，幾乎是哭訴著：

「硬麵……餑餑！」

「蘿蔔賽梨辣了換！」

打開門，一個臃腫的駝背的影子，提著半熄的紙燈籠，蹣跚地走近。

惆悵

但是，我竟被生活逼到這生疏的台灣來。

我不慣於南方的米飯，連綿的雨，懸殊的語言和惱人的寂寞……。

我終日沈醉在北國刺人的風、美麗的雪、一望無垠的平原、參天的古柏、可口的麵食、摩肩接踵的廟會、低聲下氣向生活的屈服者的集會——天橋、一個個淳樸的臉……。以及這些景象聯合起來的一幅北國風情畫的回憶中……。

但是我把戰火瀰漫，充滿嘶喊、呻吟、哭嚎和槍炮聲的北國忘記了！

什麼時候才能重新踏上那黃色的土？

尺素

我每伸出顫抖的手去接那封寫著熟悉字眼的信函。

它帶著人間的溫暖來了！

但當看完了它，我又每每流淚，我揑著信的手又顫抖起來。知己的心靈、感情和我的，融合成一片。

我感謝你——成全別人的綠衣客。

原載《新生報》，一九四八年一月廿六日

學校生活散記

建國中學　小生

一

黑人牙膏常常問我，露著那天真的神色：「C！真的？學校生活到底是為了什麼。難道是為了考試？本來應該是求知識，養群育的；可是不論先生學生，一天到晚總在忙考試似的。」

這話可就說窘了我。

拿這次大考來說罷，簡直是一學期中努力的目標，大家都拚了命；然而第二天要考的，頭天下午才肯拿起來，硬生生地吞下去：這樣勉強記了五天。最後一課，我們考的化學，當我把卷子繳上時，長長地歎了一口氣，於是，這五天中勉強塞入的一些書本筆記，都隨著這口氣而溜之大吉了。

當同學們紛紛談論這次考試之得失的時候，有的人隨便歎口氣，露著惋惜的神色！

「有肺病的小×，剛才我看他又吐了血…」

「多梅又累病了：他的身體太……」

「……」

咦？

二

我看學校裡也是暮氣沈沈的。

一向是活潑天真的小鬼，自從接到了家信以後，立刻就變沈鬱了。昨天，我看他一個人坐在窗前，支著頭在看遠景。

我問他：「你怎麼啦？」

他搖搖頭。

我再問他：「家裡情形不好嗎？」

他還是搖搖頭。唉？我想這年頭，連小孩子們也染上了暮氣，中國不成了老人國？

老沈算是我們一群中最「朝氣」的了，可是他又上了青島，我看他也看不慣這「暮氣」罷。老沈最恨暮氣沈沈，他常想用話刺醒我們的沉睡。

「中國的青年……」

他口中飛著唾沫，手拍著桌子：「呸！窮人命不如富人一條狗。」

大家沒有笑，也沒有哭，沒有點頭，也沒有搖頭。

大家還是沒有反應。黑人牙膏和大魯又在低聲談論大世界電影的好壞了。

「唉！這年頭，都看慣了。」我替他下不來台，走去勸他。

「麻木、麻木、麻木，——」他又吐了我一臉的唾沫。

三

不記得那一天起，同學的口中，忽然多了一個新名詞：W（sigma）。許多同學喊：W！W！喊得大包臉紅起來，我便去請教一位同學，據他說是日語的「シキヨク」；另一位卻說是「シキキヤウ」。總之是「色情狂」的意思云云。

「有」人看見大包和蜜斯T在中山堂聽音樂，既然同「密斯」的T去，當然便是「色情狂」，便是「シキヨク」或「シキキヤウ」。不懂日語的人，便念成他們所學過sigma了。

以前在一本雜誌上看見：中學時代男女同學是有著壞處的，便是猥褻的言詞和單戀。

今早，黑人牙膏哭喪著臉向我說，他也被人稱呼作W了。

四

H君是我最欽佩的人了。

在沙漠似的環境裡，他不甘沈寂，他幹壁報，他幹圖書館，他幹研究會，幹劇團——。

可是全碰了一鼻子灰。

我問他：「怎麼都失敗囉？」

他嗒喪著臉：「沒有一個志同道合的同志一起努力哪兒成！還有的人說，我在出鋒頭，露臉面了。」

「難道大家都願意作書獃子？」我摸著下巴，偷偷地問。

「那裡！我才被人說是書獃子呢！電影不看，草山不逛，偏要伏在桌子上寫、抄。——」

——

「痲木，痲木，痲木，……一些沒有靈魂的……」

身邊又響起老沈的嘹亮的喉聲了。我趕緊走開，我怕他的唾沫。

五

我們的導師是一位「好好先生」。

我的失望都跟他說了，並且告訴他，我想回內地去求學。

「你別給予同學間的黑暗以過分的評價，不是嗎？C君。」導師教英文，說話總帶洋味。

「是嗎？我卻覺得學校就是小型的社會呢！也有頹唐、排擠、忌恨——而唯一『朝氣』的老沈又逃去了青島。」

「但你別如此的失望，以致於消沈。同學們總還是天真的、有爲的；如果有人善誘的話。」

我又想起了「痲木，痲木……」的老沈；只要冷水澆頭，痲木總該清醒了罷！

然而到了那時，恐怕會失望，要跳火車了。

「救救孩子！……」

原載《新生報》，一九四八年二月廿三日

文學是為多數不幸者存在

建國中學 張植

父親母親都希望我學醫，我對文學卻難以割愛。雖然我還沒有深刻的了解與認識，但我願意不懈地研究它，總希望能得到些什麼。

雖然幼小時候識字很早，與文學作品的接觸也很頻繁，而對文學發生興趣，卻是到了初中才濃厚起來。這時大概是因爲接近一些書報，而且經過我的師友們的鼓勵，所以也試作一些散文之類，卻得到意外的稱讚，於是對我增加了勇氣，之後也參加對文藝有興趣的一群，也曾用幼稚的手，編寫過壁報。

編輯壁報的時期，因爲乏人指導，迫使我不得不接近了文學理論的書。茅盾的、高爾基的……。尤其接近若干精采的散文、詩、戲劇，以至於時代里程碑似的傑作，如家、吶喊、子夜等。

從那些書裡，我發見文學偉大的意義，文學是爲了多數不幸者而存在的，它一方面要暴露黑暗，一方面也要昭示光明，高爾基說得好：

「藝術的熱望，是要把人提高於生存的外狀之上。他把人從墮落的桎梏解放了；叫他明白：他自己不是奴隸，而是境遇的主宰者，人生的自由創造者。」

於是我也本這個主旨試寫過一些創作，也多接近了外國文學；但是我自己知道自己的脆弱，所以只是虛心地學習，都不敢發表。

我的學習是依著我的實際經驗而參考著書本的——不斷地記日記，作速寫和文學筆記、讀書心得；一面充實我自己的生活，擴大眼界，鑽入社會底各階層中去探討、摸索……。也涉獵一些與文學有密切關係的學問，如語言學，社會科學等。

我寫文章是先定主題，繼寫大綱，再從頭詳細寫下去。寫完了覺得不滿意時便撕了重寫，有時會寫到三、四遍，盡力求簡鍊，力求現實地、具體地表現我底主題——雖然一直是作不到，但我沒有灰心，常常把些習作寄出去，也曾蒙編輯先生的青睞，予以發表，便像新嫁娘第一次生子般的高興。

師友們不斷地鼓勵我多多寫作，我卻有時爲找不到題材所苦，因爲創作的動機植根於「愛」——是偉大的愛，對受難者的愛。而我竟有時「一無所愛」，於是就沒有的可寫，即勉強寫出也不會好，這是我最大的弱點，我願竭力把它克服。

現在呢，仍在和志趣相同的朋友一起弄壁報和油印刊物；有的文學前輩批評我們的「出品」，是「表現」的氣味大於「學習」，所以我也願竭力克服這點青年人好表現自己的脾氣。

原載《新生報》，一九四八年五月卅一日

建中風景線

建國中學　張小生

考場

一隻隻紅腫的眼皮，藍黑的眼圈，一聲聲的呵欠，一顆顆的汗珠，緊緊握著筆，在紙上畫出黑線，沙沙地響。

偶然一雙眼珠骨碌碌左右一掃，監斬官似的監考，立刻疾跑過來，老鷹捕小雞似地抓出了考場。

「零分」，主考一面撕碎了卷子：「平時每天玩，玩，考試的時候就著急了！作弊的一律開除！」

對了，的確著急得很！然而這一次的殺一儆百，頗有效驗，每個人兩眼只敢注視著筆管發呆。

只有幾位平日被人訕笑的「藏書樓主」才有用武之地，疾筆直書。

考場前的黑板上，有人淘氣地寫著：「我們的刑場。」

摧殘青年心靈和智力的刑場！

教室區域

三三兩兩，捧著書本只管發呆。

平日上課時，常常可以看到幾個幽靈似的逃課者出沒，考試的日子也便可以看見那幾個傢伙，埋頭在一張小紙上，也不知幹些什麼。

教室的桌椅搬到了禮堂權充考場，於是教室成了空屋，偶有幾人靠在牆上默念，或走來走去朗誦，冷冷清清。

熱鬧的日子還有一天，便是大考完結；十幾個圍上圈子，繞著講桌跳舞，偶爾高興，還要打破幾塊玻璃，女同學不敢參加，也禁不住在一旁抿嘴小笑。跳舞完結，大家分手，或者互相約定兩個月的漫長的日子中，遊玩的時間。

只有幾個「考場失意人」，在愁眉苦臉擔心今後的命運。

植物園

學校對面的植物園，自從放假，已不堪回首，無復當年盛況。

以前上課時候，每逢中午下午放學，園中賓客如雲，冰淇淋攤子一掃而光。因爲地點幽靜，柳下池邊風景宜人，所以最大的妙處，便在給同學一個「各盡本分」的場所。校內人太多，用功的便來讀書，喜運動就打打球，喜靜默的獨坐冥想，喜煙的來偷吃煙，「在愛情中」的便來幽會……。

數月之內，便不能再在園中看見成群的「美式軍裝」的「建國健兒」了。

原載《新生報》，一九四八年七月十二日

蕃薯人的故事

1998年1月初版
2023年11月二版

定價：新臺幣680元

著　者　張　光　直

副總編輯　陳　逸　華
總編輯　涂　豐　恩
總經理　陳　芝　宇
社長　羅　國　俊
發行人　林　載　爵

出版者　聯經出版事業股份有限公司
地址　新北市汐止區大同路一段369號1樓
叢書主編電話　(02)86925588轉5318
台北聯經書房　台北市新生南路三段94號
電話　(02)23620308
郵政劃撥帳戶第0100559-3號
郵撥電話　(02)23620308
印刷者　世和印製企業有限公司
總經銷　聯合發行股份有限公司
發行所　新北市新店區寶橋路235巷6弄6號2F
電話　(02)29178022

行政院新聞局出版事業登記證局版臺業字第0130號

ISBN　978-957-08-7122-7 (精裝)
聯經網址 http://www.linkingbooks.com.tw
電子信箱 e-mail:linking@udngroup.com

國家圖書館出版品預行編目資料

蕃薯人的故事／張光直著．二版．新北市．
聯經．2023.11．168面．14.8×21公分．
ISBN　978-957-08-7122-7（精裝）
[2023年11月二版]

1.CST：張光直　2.CST：傳記

783.3886　　112014694